美国心理学会情绪管理自助读物
成长中的心灵需要关怀 • 属于孩子的心理自助读物

不再害怕学习

帮助孩子克服学习障碍

Many Ways to Learn

A Kid's Guide to LD (Second Edition)

（美）朱迪斯 · M. 斯特恩（Judith M. Stern）
（美）乌兹 · 本 – 阿米（Uzi Ben-Ami）著
（英）卡尔 · 皮尔斯（Carl Pearce）绘
李甦 译

化学工业出版社
·北京·

Many Ways to Learn: A Kid's Guide to LD (Second Edition), by Judith M. Stern and Uzi Ben-
illustrated by Carl Pearce.

ISBN 978-1-4338-0740-4

北京市版权局著作权合同登记号：01-2022-5992

图书在版编目（CIP）数据

不再害怕学习：帮助孩子克服学习障碍 /（美）朱迪斯·M. 斯特恩（Judith M. Stern），（美）兹·本－阿米（Uzi Ben-Ami）著；（英）卡尔·皮尔斯（Carl Pearce）绘；李甦译．—北京：化工业出版社，2023.5

（美国心理学会情绪管理自助读物）

书名原文：Many Ways to Learn: A Kid's Guide to LD (Second Edition)

ISBN 978-7-122-42932-2

I. ①不… II. ①朱… ②乌… ③卡… ④李… III. ①学习心理学－儿童读物 IV. ① G442-49

中国国家版本馆 CIP 数据核字（2023）第 023303 号

责任编辑：郝付云 肖志明 装帧设计：大千妙象
责任校对：王鹏飞

出版发行：化学工业出版社（北京市东城区青年湖南街13号 邮政编码100011）
印 装：中煤（北京）印务有限公司
710mm×1000 mm 1/16 印张9 字数85千字 2023年8月北京第1版第1次印刷

购书咨询：010-64518888 售后服务：010-64518899
网 址：http://www.cip.com.cn
凡购买本书，如有缺损质量问题，本社销售中心负责调换。

定 价：39.80元

译者序

在当前社会对学习困难非常关注的背景下,《不再害怕学习》这本书以科学易懂的方式向不同类型的读者(如儿童、家长和教师)提供了科学认识学习障碍的知识,以及克服学习障碍的重要实践指导。

这是一本写给儿童的自助成长书。了解自己是自我成长和发展的重要基础,所以,作者开宗明义地告诉孩子学习障碍是什么、学习障碍的类型、在日常的学习中会有什么表现以及学习障碍的遗传和神经基础。这些内容可以使孩子客观地知晓自己的特点,对自己有清晰和积极的认识,从而能正视在学习中可能遇到的困难。同时,这些内容也能帮助家长充分认识孩子学习问题的类型以及出现问题的原因,引导家长既不要把问题通通归结为“障碍”或者“病”,也不要忽略孩子可能真正存在的问题。

学习障碍的成因比较复杂,学校、家庭和社会的联动综合干预对孩子会更为有效。作者在书中分别呈现了在学校、家庭以及社会等不同的场景中,孩子应该如何做才能克服学习障碍。在这些内容中，作者不仅给孩子提供了具体细致的学习方法和行为指导，而且也提醒孩子学会向成人或同伴寻求帮助的方法。而这些方法，也恰恰给家长和教师提供了帮助儿童克服学习障碍的思路。

虽然学习障碍儿童会表现出这样或那样的问题，但是他们也有突出的优点和长处。他们需要得到尊重、认可和关注。作者将这一观念贯穿全书。他们把学习障碍儿童获得成长的过程生动地比作“攀岩”，既能让孩子理解成长过程的改变可能面临重重困难，需要付出持续的努力，同时又能激励孩子，让他们感受到满满的力量。作者还设计了“工具箱”栏目，一方面可以帮助孩子总结内容要点和实用技巧，另一方面也能引发儿童的思考，将书中内容与自己的学习和生活建立联系，尝试在实际生活中使用和练习书里提到的方法和策略。

在翻译过程中，我意识到，书中的一些内容，特别是一些方法和策略对于发展正常的儿童也是很有帮助的。例如，完成家庭作业和参加考试的策略、时间管理和管理情绪的方法等内容，对于帮助儿童建立良好的学习和生活习惯均有很好的应用价值。

希望遇到本书的读者，不论是成人还是儿童，都能够形成对学习障碍的正确认识，大胆实践解决不同学习问题的方法和策略。衷心希望我们的孩子如本书的书名那样——不再害怕学习！

李甦

致父母

《不再害怕学习》是写给有学习障碍的孩子的。阅读这本书可以提供给他们一些方法，帮助他们在学校、家里学得更好，与他人相处得更顺利。这本书在第一版的基础上做了很多内容的扩展，使读者能够更清晰和积极地了解如何与学习障碍共处。这本书针对不同类型的学习障碍提供了许多解决日常困难的实用技巧和策略，可以对孩子有以下帮助：

- 探索和了解他们的优势和不足。
- 审视他们的学习和做事方式，让他们在学校更加乐观自信。
- 帮助他们学会交朋友的方法，提升他们在课堂内外的自尊。
- 建立一个支持团队——你和其他人——和孩子一起克服他们所面临的挑战。

虽然这本书是为儿童写的，但是父母、老师、咨询师可以从中找到向孩子解释学习障碍的友好方式，以及帮助学习障碍儿童的新方法。你能做的最好事情之一就是帮助孩子发现自己的优点——他拥有很多能力——引导他克服挑战。无论孩子的年龄有多大，或者他的学习障碍是什么类型，你都将是攀登团队中重要的一员。

我们希望你能享受和孩子一起攀登的过程。

致孩子：攀登从这里开始

应对学习障碍的感觉就像是在爬山。这条道路似乎崎岖难行。虽然你有时会感到迷茫或困惑，但是在攀登过程中你也可以有很多乐趣。你可以欣赏周围美丽的风景，还可以向下看，看看你已经走了多远。当你成功登顶，你会为自己的强壮和能力感到骄傲！

想象一下，当你开始爬山时，你抬头看，看到自己要走的路太长。这可能让你喘不过气来！你携带的装备感觉又重又不舒服。但是，登顶的愿望会帮助我们找到完成这一切的力量。你积极的态度和努力会给你的腿、胳膊和思想带来力量。你会找到很多方法让你的攀登更轻松有趣。坚持一段时间后，你就会发现你成功了！

你也知道你永远都不是一个人在攀登。你需要有一个经验丰富的向导团队来帮助你。当你有学习障碍时，父母、老师、咨询师就像你的登山支持团队一样来帮助你。当你的道路变得崎岖难爬时，你的好朋友会鼓励你。他们会和你一起庆祝你的成就。陪伴和支持是攀登的最好方式！

爬山有很多种方法，就像在学校里学习和玩耍有很多种方法一样。这本书是你的入门指南。把它当成你的爬山指南吧！

你读这本书可能是因为你有学习障碍。当你有学习障碍时，你能为自己做得最好的一件事就是弄清楚它是什么。然后你可以采取措施帮助自己成功地克服它。

在开始阅读之前，你需要了解阅读这本书可能会用到的方法：

你不必从头读到尾。你可以跳着读或者直接找到你想要和需要的信息。这本书的某些内容可能现在不适合你。你可以选择跳过它们，改天再来读。

即使有些内容可能不适合你，你也可以看一看。你可能会学到一些对你有帮助的新方法。

如果你阅读时有不理解的地方，可以问问别人。你的父母、老师和咨询师可以帮助你。

如果你发现有些信息对你来说特别重要，就用荧光笔或便利贴把它标记下来，这样你可以在以后重点看一下。

你可以和你的父母、老师、咨询师或朋友分享这本书，以便他们能更好地了解你，支持你。

我们与许多有学习障碍的孩子一起工作过。我们希望与你分享那些对他们有效的办法。我们认为，理解你的学习障碍最重要的一点是你清楚自己能做的事情，并继续加强这些能力。

这本书将帮助你发现并发挥自己的优势。它还会向你展示许多提高学习能力的好方法。有这本书的帮助，再加上你的家人、朋友和你生活中其他重要人物的支持，你就能克服学习障碍，并且更自信。

我们祝你在攀登时一路顺利，找到登顶之路！

目 录

第一部分　面对大山：发现学习障碍

第一章　什么是学习障碍？　3

第二章　学习障碍会有哪些问题？　11

第三章　你有学习障碍吗？　19

第四章　学会求助：谁能帮助我？　25

第二部分　开始攀登：学校生活

第五章　如何在学校表现更优秀　35

第六章　完成家庭作业和参加考试的策略　42

第七章　条理性和时间管理　52

第八章　科技如何帮助你学习　59

第三部分　攀登大山：克服学习障碍

第九章　阅读学习障碍　67
第十章　数学学习障碍　74
第十一章　书面语言学习障碍　80
第十二章　口语学习障碍　86
第十三章　非言语学习障碍　93

第四部分　露营：校外生活

第十四章　管理好自己的生活　105
第十五章　管理情绪　113
第十六章　如何让自己更自信　118
第十七章　交朋友和保持友谊　126

继续前行　133

第一部分

面对大山：发现学习障碍

第一章

什么是学习障碍？

学习障碍简单来说就是学习一门或多门学校课程有困难，即使你学习其他课程很容易。另一种界定学习障碍的方式是，虽然你在有困难的学科上得到了额外的帮助，但是你仍然在学习中存在困难。有些人会从另外一个角度来看待学习障碍。他们认为学习障碍是学习的差异——不同的个体如何以不同的方式达到最好的学习效果。有些孩子读懂一本书的最好方式是听别人读，有些孩子则需要在一个安静的房间里自己读。

全世界有数百万人有学习障碍。仅在美国，就有450多万名儿童有某种类型的学习障碍。女孩和男孩都有学习障碍，成年人也有学习障碍。所以正如你所看到的，如果你有学习障碍，那肯定不是仅仅只有你一个人会遇到这种困难！你的学校、团队和社区里的其他孩子也可能有某种类型的学习障碍。

有多少种学习障碍？

在学校，学习困难可能与以下这些问题中的一个或多个有关：

- 无法理解人们说的话。
- 口语表达困难（口语障碍）。
- 阅读困难。
- 书写困难。
- 拼写困难。
- 倾听困难。
- 数学困难。
- 非言语技能困难。

在这本书的第三部分，我们将详细地介绍每种学习障碍。让我们快速浏览一下这些内容，这样你对学习障碍就能有一个整体的认识了。

阅读学习障碍

有阅读学习障碍的孩子可能在以下方面有困难：

- 读出字母的正确发音。
- 读出字词。
- 很容易识别出常见的字词（如“说”或“他们”）。
- 阅读时将视线集中在阅读材料上。

- 理解所读的内容。

数学学习障碍

有数学学习障碍的孩子可能在以下方面有困难：

- 学习和记忆数学事实。
- 快速做数学计算题目，且没有错误。
- 解决应用题。
- 学习新的数学知识，如货币的计算或理解分数。

书面语言学习障碍

有书面语言学习障碍的孩子可能在以下方面有困难：

- 用句子或段落写出自己的观点。
- 梳理想法，写的句子有意义。
- 正确书写。
- 和同学写得一样快。

口语学习障碍

有口语学习障碍的孩子可能在以下某些或所有方面有困难：

- 大声说出他们的想法。
- 思路清晰，让别人理解他们的想法。
- 思考正确的用词。

- 使用新词语。
- 按正确的语序说话。

非言语学习障碍

人们有时是不使用语言来思考问题的，这被称为“非言语思维”。有非言语学习障碍的人很难理解与非言语思维有关的事情。

例如，假设你是一个运动队的队员，你决定采取的许多动作可能都是在没有经过言语思考的情况下完成的。你会在脑海中描绘出某些事情，并找出帮助团队的最佳方法。

再举一个例子，你看过别人修车吗？那个人可能会使用非言语技巧来找出车出了什么问题，需要修理哪里，而不使用任何语言。

有非言语学习障碍的孩子在以下某些或所有方面有困难：

- 组织能力。
- 平衡和协调能力。
- 快速做事。
- 了解他人的情况。
- 在一个地方找到路而不会迷路。

休息一下

鹰和美洲狮

这是一种思考学习差异的方式。想想鹰和美洲狮吧。鹰的大脑能更好地理解它从远处看到的东西，比如，它可以在哪里寻找到下一餐的食物。美洲狮的大脑能更好地理解从灌木丛中听到的最微小的声音和闻到其他动物的气味。每一种动物都有自己的优势和不足。鹰没有美洲狮那样强烈的嗅觉，美洲狮则不能像鹰一样看到远处的东西，但是它们都能在大自然里很好地生存。正如老鹰和美洲狮一样，人也有优势和不足。你要确信，对于每一个学习上的不足，你都有强大的学习能力，你最终都会找到最适合你的学习方法！

有学习障碍的孩子可不笨

如果你有学习障碍，让我们承认它，因为你确实在学习学校的一些科目上有困难，也可能在参加校外的其他活动上有困难。但我们可以肯定的是：

- 你不懒。
- 你不笨。
- 你不会一直失败的。
- 你需要更多的帮助，但这没关系。

休息一下

许多著名的人和成功的人也有学习障碍。他们是：

- 阿尔伯特·爱因斯坦，科学天才。他比班上的其他同学需要更多的时间来学习语言知识。
- 第二次世界大战期间英国首相温斯顿·丘吉尔，在学校的学习成绩很差。
- 阿加莎·克里斯蒂是入选吉尼斯世界纪录的畅销小说家，她的拼写能力很差，书法也很糟糕。

我们知道很多有学习障碍的孩子都已经长大了，而且表现得非常好！不要让学习的问题打败你。只要努力学习，你就能获得更大成就！

关于我的大脑，我需要知道什么？

大脑是负责学习和思考的地方。大脑是由数十亿被称为神经元的细胞组成的。带有思想和指令的信息通过突触在神经元之间的微小间隙中传播，并从一个神经元传递到另一个神经元。这些信息控制着你的一切行为！

为了在学校解决一个新的数学问题，你大脑中的许多不同区域需要一起工作。大脑活动能让你：

- 看黑板。
- 听老师讲课。
- 理解老师说的话。
- 写下老师展示的解题步骤。
- 记住所有这些！

你的大脑控制着所有这些步骤。根据你学习内容的不同，大脑会启动不同区域进行工作。学习数学和学习阅读认字使用的大脑区域是不同的。

每个人的大脑运作方式都不一样，这是正常的，它解释了为什么一个孩子擅长某些事情而不擅长其他事情。你认识那些下棋高手、优秀的骑手或者有才华的艺术家吗？他们可能都不太擅长其他事情。如果你有学习障碍，即使你在学习上有困难，你的大脑也会擅长别的东西。

补偿

好消息！当你学习有困难时，你的大脑是足够聪明的，它可以帮助你。如果你学习某样东西有困难，你大脑的其他区域可以帮助特定区域去学习这些东西，这就是所谓的补偿。

例如，手眼并用可以帮助你更容易地解决一个数学问题。你仍然在学习解决数学问题，只是方式不同。你只是用一种更适合你的方式去做需要做的事情。

我怎么会有学习障碍？

学习障碍是与生俱来的。它通常是家族遗传的。一个有学习障碍的孩子，可能有一个或多个有学习障碍的亲属。如果你的家人有学习障碍，他们可能会帮助你了解和应对这些障碍。当然，即使你有学习障碍，你的家人也可能没有学习障碍。

我们在本章中讨论了不同类型的学习障碍。你在接下来的内容中将学到更多关于它们的知识。美国有数百万人有学习障碍，其他地区的人也有。在下一章中，我们将讨论学习障碍带来的问题。

第二章

学习障碍会有哪些问题？

无论你有哪种学习障碍，有些问题会让你学习起来更加困难。在本章中，我们将讨论这些问题。当你阅读时，试着看看你有哪些问题。以下是学习障碍者经常会遇到的一些问题：

- 语言问题。
- 视觉－加工问题。
- 运动问题。
- 视觉－运动问题。
- 认知问题。

我们将在本章分别讨论这些问题。

语言问题

语言问题是指你在说出或理解所读到和听到的东西上有问题。语言问题会出现在你说话、写作和阅读中。有时，当你想把你的想法写下来或者告诉别人时，你可能很难用合适的语言表达出来。你在听别人说话或阅读时，可能很难理解其中的意思。例如：

- 你很难理解你所听到或读到的东西。
- 当别人告诉你某件事时，你可能需要用别的方式来重复它或解释它。
- 当别人问你问题时，你可能需要更多的时间来思考如何回答。
- 当你说或写的时候，你很难把你的想法用合适的语言表达出来，以便让别人知道你在想什么。
- 你的想法缺乏条理性。

不能准确表达自己的内心想法是令人沮丧的。当你试图向你的朋友或父母解释某事时，或者当你努力写作业时，这种情况就会发生。有时候，有语言问题的孩子在写作时并没有写出他们真正知道的东西，因为写作对他们来说太难了。

视觉-加工问题

视觉-加工问题与你所看到的东西有关。大脑接收视觉所见的信息，并试图弄明白它的意思。如果你在视觉-加工方面有困难，你可能会在自己的生活中发现一个或多个这样的问题：

- 你分不清形状、字母、字词、数字之间的区别。

- 你会把词语的顺序看错，比如把“明天”读成“天明”。
- 你会把看起来很像的字弄混，比如“视”和“祝”。
- 你阅读时会跳字。
- 当看到一页纸都是字时，你会感到困惑或疲倦。

如果你在视觉-加工上有困难，人们可能会认为你很粗心，即使你真的在努力去做正确的事情。当你学习的时候，你可能得放慢速度，仔细检查一切，以便发现错误。

运动问题

“运动技能”是我们如何使用自身肌肉的另一个名称。如果一个人在使用不同类型的肌肉方面有问题，我们就说他有运动问题。我们的肌肉主要用于两种活动：

- 大肌肉运动技能，就是用我们的肌肉来做大的运动（如跑步或游泳）。
- 精细运动技能，就是用我们的手，尤其是手指肌肉来做的运动（如系鞋带或做彩泥手工）。

如果你在大肌肉运动或精细运动技能方面有问题，你可能会遇到以下问题：

- 用剪刀有困难。
- 在跑步或走路时常常会绊倒。
- 缝东西、使用镊子或螺丝刀有困难。

- 用球拍或球棒打球和接球有困难。
- 学骑自行车要花很长时间。

视觉-运动问题

大多数运动技能都需要你同时使用眼睛和肌肉，这被称为“视觉-运动技能”。一些有学习障碍的孩子可能在大肌肉运动或精细运动技能方面有问题，因为他们的眼睛不能很好地配合肌肉运动。下面是一些手眼必须一起协调工作的例子：

- 清晰地书写字母和数字。
- 写字时写成一行。
- 抄写黑板或书上的字。
- 画画。
- 把液体倒进杯子里。

一些运动技能可能需要更长的时间来发展，但有额外的帮助，你可以发展得更快更好。体育运动是练习大肌肉运动技能的一种有趣方式，舞蹈课和游泳课也是。

搭建模型、做手工艺品、编织和绘画是练习精细运动技能的好方法，也很有趣。要知道，那些登山者在进行任何高难度的攀登之前都是经过大量练习的！

许多有学习障碍的儿童有很好的运动技能，但也有一些孩子可能在大肌肉运动或精细运动技能方面有问题。如果你足够幸运，在这些技能方面有优势，它可能会对你的学习有所帮助。

认知问题

认知技能是我们用来学习和了解事物的大脑技能。为了学习和了解世界，我们需要能够：

- 推理（找出问题并解决问题）。
- 记住和使用信息。
- 有条理。
- 集中注意力。
- 以合理的速度做事。

一些有学习障碍的孩子在认知技能方面存在以下问题：

- 推理困难。如果你很难解决问题，你可能会在推理方面有困难，比如，做数学题或预测故事的结局。
- 当第一次做不好某件事时，你可能很难找到另一种方法来做好它。
- 做事速度慢。这意味着你很难快速做好事情。你也许能够很好地学习和工作，但是你需要更多的时间才能做到。

认知技能的另一个问题与记忆有关。

休息一下

你身边有这样的孩子吗？

- 杰夫在双肩背包的最里面发现了四个星期之前做的三明治。他说："哦，原来它在这儿！"
- 黛西有三个星期的时间来写读书报告。她前一天晚上就开始写了。想想那天晚上妈妈对她说了什么？
- 奥斯卡花了 2 个小时来做作业。当他第二天到学校时，他意识到他所有的作业还留在厨房的桌子上。哦，奥斯卡！

记忆问题

如果你有记忆问题，你可能：

- 难以记住所学的知识。
- 花很长时间才能记住字词的正确书写、数学事实，或者社会研究的信息。
- 说着说着就忘了要说的话。

如果你有记忆问题，你可能需要加倍努力。你可以把一些重要的事情写下来或者列个清单，这样你就不会忘记了。很多人都有记忆问题，他们会想出一些好方法来帮助自己。比如，有个男孩会在午餐盒里留个提醒便条，这样他就不会忘记下午需要带回家的东西。

执行功能障碍

执行功能指的是大脑帮助你组织、计划和管理时间的技能。执行功能障碍可能会使你难以：

- 开始工作。
- 继续你的任务。
- 完成任务。
- 保持作业干净整洁。
- 记着做作业或做家务。
- 负责大的项目和任务。

执行功能障碍会影响学生在学校内外的生活。比如，丢东西，不管是丢了你的作业还是你最喜欢的衣服，这都会让你感觉很糟糕。幸运的是，有很多方法可以解决这些问题，在本书的后面，你将学习如何让自己更有条理性的方法。

注意力问题

有注意缺陷/多动障碍的儿童在集中注意力和保持专注方面有很多问题。他们很容易分心，经常缺乏毅力和耐力去完成一项任务。例如，他们可能很难坚持阅读完一章材料或者连续解决几个数学题，很容易分心到其他不该做的事情上。有些孩子（但不是所有的孩子）可能有多动症，这意味着他们好动坐不住。有时注意缺陷/多动障碍会让你很难：

- 安静坐下来。
- 在行动前思考。
- 取得好成绩（因为拖延不想写作业或完不成作业）。

当有注意缺陷/多动障碍的儿童得到家里和学校的额外帮助，学习如何更好地集中注意力时，他们的状况会得到改善。治疗注意缺陷/多动障碍的药物也有帮助。不是所有有注意缺陷/多动障碍的孩子都有学习障碍，但是许多有注意缺陷/多动障碍的孩子有学习障碍。检查儿童是否有学习障碍，也要检查是否有注意力的问题。

在下一章，我们将学习如何知道自己是否有学习障碍。

第三章

你有学习障碍吗?

你如何知道自己是否真的有学习障碍呢?在这一章我们会讨论那些能识别出学习障碍的人以及他们是怎样识别的。我们还会讨论家长和老师发现你有学习障碍后会做些什么。以下是发现自己是否有学习障碍的步骤:

- 你、你的父母或者你的老师都觉得学习对你来说是一件很难的事情。
- 学校里的老师或同学需要更多努力才能帮助你学得容易些。
- 如果额外的帮助还不能对你的学习产生足够的效果,你就得去做测试。
- 做完测试后,你的父母和老师会在一起讨论测试的结果。
- 他们会为你制订一个计划。希望有人会向你解释这个计划，因为你是学习团队中的一员。

下面是关于上述每个步骤的更多细节。

有学习困难，怎么办？

人们注意到你有学习困难，这意味着什么？下面的一些例子有助于解释学习困难的含义。

- 如果你已经上六年级了，但你只能做三年级的数学题，你和你的老师可以确定数学对你来说是一门困难的科目。
- 每当你做作业的时候，你的父母总会看到你沮丧的样子。
- 你很聪明，但是在学校和家里的学习生活杂乱无序，你的成绩很差。

一旦你的父母、老师、辅导员注意到你有学习困难，他们会讨论你的困难是什么。他们可能会建议学校尝试一些新方法来教你。学校的这种回应被称为干预。这意味着他们想知道一旦你有了额外的帮助，你的学习状况是否会有所改善。

如果额外的帮助还不足以帮助你提高成绩，父母或学校便会检查你是否有学习障碍。有一些特殊的测试可以检查出你是如何学习的以及你学习困难的原因。

休息一下

学习方式

每个人都有不同的学习方法，这被称为学习方式。学习的方法有很多。下面是一些例子：

- 有些孩子用眼睛学习效果最好，这是视觉学习。
- 有些孩子用耳朵学习效果最好，这是听觉学习。
- 有些孩子通过用手和身体的其他部位做事来学习的效果最好，这是动觉学习。
- 大多数孩子都会使用上述的一些或全部方式才能使学习效果最好。

你猜猜小狗的最佳学习方式是什么？是用鼻子嗅！

测试

当有些孩子参加学习障碍的测试时，他们要参加不止一次的特殊测试，因为评估学习障碍并不是单一的测试就能完成的。到目前为止，大多数的测试是为了检查你的学习方式和学习成果。我们现在来谈谈这些测试。

学习与成就测试

学习障碍测试是由非常了解学习的人来进行的，他们检查哪类学习对你来说是困难的，哪些你可以做得很好。这些人非常擅长和孩子打交道，他们友善可亲，能让你在测试时感觉很放松。

当一些人听到“测试”这个词的时候，他们就会担心，因为他们想到的是分数。但学习障碍测试与成绩无关，它只是要找出你的学习优势和不足，以及你需要什么样的帮助。许多孩子觉得参加学习障碍测试很有趣。最重要的是，你根本不需要为了测试而去学习！

大多数时候，做测试的人会看看你各个方面的能力：

- 阅读。
- 数学。
- 写作。
- 语言。
- 听力。
- 书写。
- 注意力。
- 学习的速度。

你也需要回答一些问题，这是为了了解你对学校和学习的看法。父母和老师都想让你对自己有信心，这是一个了解你想法的好方式。

一旦你完成了所有的测试，学校可能还想知道你解决问题和记忆的能力与速度。在这种情况下，你还要参加智力测试。如果你要接受智力测试，以下是你应该知道的。

智力测试

智力测试是用来评估你的记忆力，以及学习新事物和解决问题的能力与速度。所有这些都是我们所谓智力的一部分。

智力测试不会告诉你在生活的各个方面有多聪明，也不会告诉你在校外以及生活中有多成功；智力测试不会告诉你在学校的学习有多努力、听课听得有多好、学习多有条理，也不会证明你是一个值得交往的人，或者你在体育或艺术方面的表现。虽然这些品质和取得学业的好成绩一样重要，但是它们不是智力测试的一部分。智力测试只是测量你的一小部分能力。

测试完成后，怎么办？

当你完成测试后，所有的结果和信息会被整合在一起，来判断你是否有学习障碍。测试你的人已经准备好与你的父母和老师分享这些内容，他们一起来决定怎样才能让你的学习更容易。他们会为此开一个特殊的学校会议。

学校会议

在公立学校，你的父母、任课老师、辅导员、校长和学校心理老师会一起决定你是否需要特别的帮助。如果认为你有学习障碍，他们就会制订一个计划以便能更好地帮助你学习。这被称为个性化教育计划。每个有学习障碍的儿童都有他自己的个性化教育计划。这个计划会告诉老师如何做才能使你学习更容易，以及如何帮助你提高阅读、数学、写作或语言能力等。

知识就是力量，就像你在爬山时让自己登上山顶所需要的力量一样。知道自己有学习障碍，你就能针对障碍作出改变！在下一章，我们将讨论能够帮助你做到这一点的人，他们就是你的登山团队。

第四章

学会求助：谁能帮助我？

当你爬山时，如果你有登山团队的支持，攀登会更容易。大家互相帮助，一起解决问题，互相鼓励，不断攀登。有学习障碍的孩子也有自己的登山团队。当你遇到困难时，团队成员会帮助你，并与你一起努力，让学习变得更容易。对许多孩子来说，他们和父母、老师、心理咨询师组成了登山团队。因为没有两个孩子是一样的，所以登山团队也并不总是一样的。让我们看看各位团队成员以及他们会如何帮助你。

父母

父母非常了解自己的孩子，也是真心关爱孩子。父母了解你的学习障碍，想要帮助你在校内外做得更好。许多家长都愿意帮助孩子复习备考，给他们讲解家庭作业。在学校会议上，他们会告诉老师你需要哪些帮助。你的父母会认真听你的想法，并想办法帮助你。你可以和你的父母谈谈：

- 如何让家庭作业更容易。
- 如何把你的房间和学习地方布置好。
- 兄弟姐妹和朋友如何帮助或干扰你的生活。
- 在学校里你喜欢什么和不喜欢什么。
- 你想参加的课外活动。

工具箱

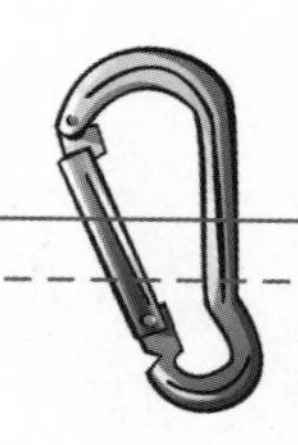

和父母谈一谈

当你和父母谈论你的学习障碍时，可以使用下面的建议：

- 请父母为你们的谈话选择合适的时间。
- 把你想说的内容列个单子。
- 在开始说话前深呼吸。
- 解释你需要什么，提出解决方案，不抱怨。

其他家庭成员

除了父母外，你可能还有与你非常亲近的家庭成员。他们可能是：

- 爷爷奶奶（姥姥姥爷）。
- 姑姑（姨妈）和叔叔（舅舅）。
- 兄弟姐妹。
- 表亲。

每个家庭成员都可以用不同的方式帮助你。比如，一个男孩有一个当演员的姑姑，有时他们会一起读书，因为姑姑的声音很有趣，会让书的内容变得生动起来。你的登山团队里有哪些家庭成员呢？

老师

在学校，老师和你在一起学习。他们和你在一起的时间越多，就越清楚你需要哪些帮助才能学得更好。许多老师都愿意尝试新方法，帮助你更轻松地学习。以下是他们可能会帮助你的一些事情：

- 课后帮你复习功课。
- 让你更容易理解他们的指示。
- 让你尝试一些不同的学习方法。
- 为你准备考试提供额外的帮助。
- 在课堂上找到最适合你的座位。

当你在学校取得进步时，老师会与你一起加油！

工具箱

登山团队

登山团队无论是在校内还是在校外对你来说都很重要，以下是一些孩子对登山团队成员的情况介绍：

- 我每周和数学老师聊两次。
- 我和言语治疗师一起学习如何在写作之前构思我的想法。
- 在我回家之前，老师会花几分钟时间帮我整理要写的家庭作业。
- 我哥哥每周四都会测试我的单词拼写，还教我一些记住难记单词的小窍门。

你的登山团队成员是什么样的？

学习专员

学习专员是给有需要的学生提供帮助的老师，他们会在某一科目上给学生提供额外的帮助。在一些学校，这些老师也被称为资源教师。他们会找出对每个学生最有效的方法，而不是试图用同样的方法教每个学生。他们也会给你的老师一些建议，让老师尝试与你一起学习。

有时你和学习专员或资源教师在他们的办公室学习，他们的办公室被称为资源教室。在许多学校，学习专员会直接走进教室，在课堂上帮助你和一些同学。你会与学习专员一起学习以下内容：

- 对你来说很难的课堂作业和家庭作业。
- 提高你的阅读、数学或写作能力。
- 完成大的课题或学习任务。
- 备考。
- 合理安排作业。

特殊的班级或学校

如果你在专门给学习障碍孩子开设的班级或特殊学校学习，你可能会有更多的专业老师，并且那里的班级规模也会小一些。在这些地方，老师们互相合作，你肯定会得到更多帮助，这就好比创建了一支非常强大的登山团队。

导师或教育咨询师

如果你和一个导师一起学习，你会发现他擅长把那些可能很难或令人困惑的作业解释清楚。在一些地方，特殊的导师被称为教育咨询师。他们能帮助你提高阅读和数学等技能，并帮助你准备考试和学习新的学习方法。

辅导员

如果你的学校有辅导员，你就知道他是一个能帮助你解决个人或学校问题的人。辅导员会积极帮助你更好地适应学校生活，他会倾听你在学习上遇到的问题以及在学校里发生的事情。你还可以和他谈论其他事情，比如：

- 什么样的帮助能让你在学校取得好成绩。
- 与小伙伴相处遇到的问题。
- 你对老师的感受。
- 如果你被嘲笑或欺负了怎么办。

辅导员会与你的父母、老师一起沟通，从而确保你能很好地适应学校。辅导员对你在学校的情况很感兴趣，所以一定要让他知道你的情况！

心理咨询师

有时，与校外的心理咨询师或治疗师交流也会有帮助。你可以把他们想象成“情绪医生”。他们给你一个讨论自己感受的机会。他们鼓励你说说困扰你的事情（成绩差？和妹妹吵架？受欺负？）。不管问题是什么，他们都会全力支持你，想办法帮助你。

你可以自己去见心理咨询师，也可以和家人或其他孩子一起去。如果你感到不快乐，心理咨询师可以帮助你更加乐观地面对生活并教给你照顾自己的新方法。

教练

教练每次只能辅导一个学生，帮助他提高时间管理、组织规划等技能。教练可能会每天与你联系来帮助你完成一项重大任务。教练也会帮助你：

- 整理你的作业、卧室或者书包。
- 制订一个好的课余学习计划。
- 制订按时完成大作业的计划。
- 学会准备考试的新方法。

教练让我们的学校生活更轻松，是不是很酷?

言语治疗师

如果你在发音或使用言语技能方面有问题，你可以寻求言语治疗师的帮助。他们是专家，知道如何帮助你：

- 发音更清楚。
- 把自己的想法表达清楚。
- 学会向别人表达你的需求。
- 理解别人说的话。

职业治疗师

那些在某些运动技能方面有问题的孩子，比如写字或跑步，可以和职业治疗师一起合作来提高这些技能。职业治疗师会帮助你做一些锻炼手指、手臂或全身的运动，从而让你更好地运动、保持平衡、书写和参加其他活动。当你变得强壮时，你会很开心。

现在你已经知道学习障碍的很多知识以及谁能够帮助你，接下来的问题是如何才能使学习更容易。这本书的下一部分会告诉你很多学习方法。

第二部分

开始攀登：学校生活

第五章

如何在学校表现更优秀

大多数孩子每天至少要在学校待6个小时。在一个地方要待这么长的时间！学校应该是让你感到舒服和被接纳的地方。你的登山队员会帮助你在学校生活得更顺利，所以要让他们知道你需要哪些帮助。你是登山队的主力，所以你的想法和努力最重要。在这一章，我们将帮助你：

- 了解自己的优势和不足。
- 申请学校的调整。
- 学会合作。
- 在学校里学会求助。
- 在特殊班级中学习。

了解自己的优势和不足

了解自己的优势和不足真的对你很有帮助。你的优势是你擅长的事情，而不足是你不擅长的事情。一旦你知道了自己的优势，你就可以利用这些来提高学习能力。

- 如果你用听力的方式能达到最好的学习效果，请老师允许你在课堂上把考试复习的内容录音，这样你就可以利用音频来复习了。
- 如果你画画很好，你可以把你读到的东西画出来，这样可以帮助你记住知识。

当你知道自己的不足时，你就能克服它们。

- 如果你很难记住东西，可以让老师早点给你一张考试复习表，这样你会有更多的备考时间。
- 如果你在数学上总是出错，交作业前一定要检查一下。有些老师会允许你用计算器来检查作业。

列清单

在清单上列出你的优势和不足是非常有用的。

- 在纸上或电脑上，列出你的学习优势和其他擅长的事情。
- 列出你擅长的科目以及你是如何把它学好的。
- 在不足部分，列出学校里你觉得最难学的科目，以及这些科目为什么很难学。
- 当你列完表后，问问登山队员们的意见，然后再把他们的看法补充到清单里。

现在你已经很清楚地了解了自己的学习特点。把这个清单拿给与你一起学习的人看看，以便他们用这个清单来更好地帮助你。如果你想看一个例子，请看马拉的清单。

工具箱

马拉的优势和不足

优势

我擅长和同学一起学习。

我擅长打篮球。

我擅长数学和体育。

最好的学习方法：

一边走一边学习。

大声朗读。

小组学习。

测试学习效果的最好方式：

把学习的内容表演出来。

把学习的内容画出来。

不足

我注意力不集中。

如果作业很难，我会很沮丧。

阅读太难了，我需要帮助。

在学校很难做好的事情：

在人们面前大声朗读。

长时间听老师讲课。

我需要更多的时间来完成：

科学课的测验。

阅读文字较多的书。

写作文。

申请学校的调整

当你和老师了解了你的学习障碍，你们都能通过一些改变来帮助你学习。在学校帮助学生更容易学习的方式被称为调整。调整是会被列入你的个性化教育计划的。许多有学习障碍的学生在学校的大部分时间都待在普通教室里，而教室里的其他孩子却没有学习障碍。当有学习障碍的孩子得到所需的调整后，他们在普通课堂上的表现会更好。

老师知道学生的学习方式各不相同，他们也知道小调整可以带来大帮助 。例如，老师可能会让你使用跟别人不一样的拼读课本或让你使用电脑来写作文。

课堂调整。下面是我们在一个孩子的个性化教育计划上看到的一些调整内容：

- 把答案写在问题旁边，不用写在答题纸上。
- 在学习困难的科目上减少家庭作业。
- 把小测验或考试的答案口头报告给老师。
- 用计算器检查数学作业。
- 坐在老师附近或不易分散注意力的地方。
- 提前几天做作业，这样你就有更多的时间来完成作业。

考试调整。如果你学习得慢，你可能需要更多的时间来完成学校考试。学校根据你的需求，允许你有更多的时间来完成考试，这被称为延长时间考试，这就是一种调整。

学会合作

帮助就在你身边！下面是一些你可以与登山队员合作的方法：

- 如果你在家庭作业上花了太多时间，就告诉你的老师，他可能会愿意减少你的作业量。
- 告诉你的父母你需要哪些物品才能把学校作业整理得更好。

- 告诉你的足球教练怎么做才能让你在比赛中更有掌控力。比如，当你需要特别的指示语时，你可以向教练发出特殊的信号。
- 当你和朋友一起玩时，让你的朋友知道什么方式适合你，比如，大家轮流决定玩什么。

如果你知道什么方式对你有效，一定要让每个登山队员都知道。

在学校里学会求助

也许你的一天是这样开始的，你把拼写作业错放进姐姐的背包里，被她带到了另一个学校，但是你的老师不相信。然后，你的弟弟来教室找你，(大声地)提醒你记得交你的郊游同意书，因为你妈妈担心你会忘记。你的朋友在校车上不小心坐在你的花生酱和果酱三明治上，现在你没午饭吃，而他的裤子上也有了污渍。

当你真正需要帮助的时候，与其生气地捶打背包，不如去跟能帮助你的人谈谈，这可能会让你感觉好一些。当你在学校遇到问题需要建议，或者需要帮助来度过糟糕的一天时，如果你能找到一个大人来帮助你，你就会感觉轻松一些。没有人能在每次出问题的时候都帮上忙，但你最好知道在你需要帮助时该去找谁。把问题说出来可以帮助你更快地回到正轨，回到课堂上。你在学校里有可以倾诉的大人吗？当你觉得需要倾诉的时候，和那个人一起聊一聊，找出解决问题的办法。

在特殊班级中学习

在学校里，你可以通过与资源教师一起学习来获得额外的帮助。他们通常会单独或以小组形式与学生一起学习，每周半小时到每天几个小时不等。

你可以用大部分的时间上一个特殊老师的课，这个老师只教有学习障碍的学生。你的大部分科目都是在这个课堂上学习的，当然你也可以参与部分主流课程。这就是说，你也可以离开这个教室，到其他常规的教室去学习一些课程，比如数学和体育。

在下一章，我们将讨论每个人最喜欢的话题（也许不是）——作业。我们将分享一些完成作业的方法，请继续读下去。

第六章

完成家庭作业和参加考试的策略

你是那种宁愿打棒球也不愿意做家庭作业的孩子吗？你是那种宁愿和朋友出去玩也不愿意准备下周考试的孩子吗？你相信真的有两全其美的办法吗？在这一章，我们将总结一些应对家庭作业和考试的方法。

完成家庭作业的策略

完成家庭作业后可以自由安排时间，这是肯定的，但是，你要把家庭作业先做完。试试下面的这些建议，这样家庭作业就不会让你尖叫了。我们会讨论以下几个方面：

- 记住要做的作业。
- 管理好时间。
- 完成家庭作业。
- 找一个家庭作业伙伴。
- 奖励你自己。

记住要做的作业

你是不是忘记你的作业是什么了？你以为读书报告要到周五才交，但实际上是周三就要交了（天哪！）。这里有一些方法可以帮助你记住作业并及时完成作业：

- 使用家庭作业计划本或作业手册，把每天的作业写下来，回家后再看一遍。
- 放学前，查看家庭作业计划本，把需要的东西带回家。
- 晚上收拾书包之前，再检查一下家庭作业计划本，确保所有作业都完成了。
- 如果有不清楚的地方，你可以跟老师联系。
- 如果你总是需要带回家一些书或其他东西（比如计算器），就把它们列在一个彩色的清单上，把清单挂在学校储物柜里或者贴在笔记本的封面上。
- 和伙伴一起检查家庭作业。

你是如何安排时间的？

管理好时间

你是否觉得家庭作业分散和吞噬了你的空闲时间？这里有一些建议可以帮助你合理安排作业，管理好时间，并以一种快乐的方式开启一天的生活！

- 放学后，制订当天晚上的时间表。时间表要包括家务和课外活动的时间。这样你就知道晚上有多少空闲时间了。

- 在学校学习了一天后，放学后可以先运动一会儿再做家庭作业。运动能让你感觉良好，注意力更集中。
- 找出做作业的最佳时间。有些孩子喜欢回家后立刻开始做作业，他们还处于一种“学校状态”。有些孩子喜欢放学后休息一会儿，然后再开始做作业。

我们和很多孩子打过交道，知道大多数孩子对家庭作业的看法。但是，一旦你努力学习并完成家庭作业，你就会很快乐。认真完成作业，看看会发生什么。让我们再看看其他的建议。

完成家庭作业

如果你尝试下面的这些方法，完成家庭作业会更容易。

- 如果你不清楚作业的具体要求，可以和登山团队成员（通过电话或当面）沟通，确保你在开始做作业之前知道该做什么。
- 在最不容易分心的地方做作业。远离电视、电话和正在哭泣的弟弟。
- 如果你参加课后服务，可以在那时完成一些作业。
- 如果你在学校有自习课，可以在那时开始做作业。当你放学回到家后，要做的作业就很少了。
- 有些孩子喜欢先做简单的作业，有些孩子喜欢先完成最难的作业，哪一种方法适合你？
- 把一项难写的作业分解成几个小部分。你可以在完成一个小部分后，休息一下再继续做下一个小部分。

- 如果你每天在家庭作业上花很多时间，可以和老师谈谈。有的老师知道你完成作业有困难，他们会减少作业；有的老师可能会给你更多的时间来完成作业。

工具箱

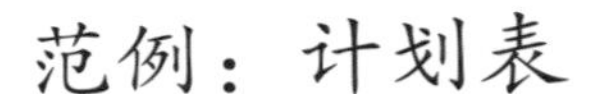

范例：计划表

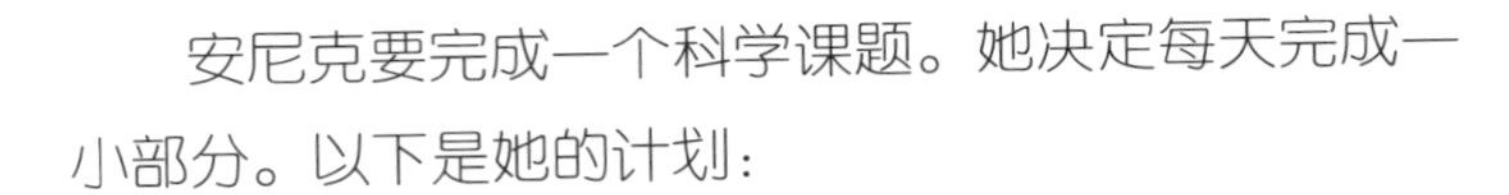

安尼克要完成一个科学课题。她决定每天完成一小部分。以下是她的计划：

星期一：选择主题。

星期二：阅读科学课本的第四章。

星期三：在网上或图书馆研究课题。

星期四：做研究笔记。

星期五：写论文提纲。

星期六：整理论文素材。

星期日：写论文。

星期一：交初稿。

星期二：老师批改初稿，休息一天。

星期三：修改初稿，完成论文。

星期四：交论文终稿。

找一个家庭作业伙伴

如果你不确定是否完成了所有作业或在家庭作业上遇到问题时，家庭作业伙伴就是可以帮助你的人。他可以给你解释一些你不明白的要求，帮助你准备考试。考虑一下谁会是一个很好的家庭作业伙伴。

- 选择一个有条理的人。
- 找一个和你友好相处的人。
- 如果你白天上不同的课，为每门课找一个家庭作业伙伴。

如果你找不到一个家庭作业伙伴，可以寻求老师的建议。

奖励你自己

有时，在完成一项重大任务后获得奖励会让我们更有成就感。你有没有看过你最喜欢的球队在赢得一场大赛后是如何庆祝的？

- 承诺自己在完成每项作业后给自己一些小奖励。（“当我完成数学作业的时候，我会四处走走，吃点东西。”）
- 为按时完成家庭作业制订更大的奖励计划。（“当我所有的作业都做完的时候，我要和爸爸一起打篮球。”）

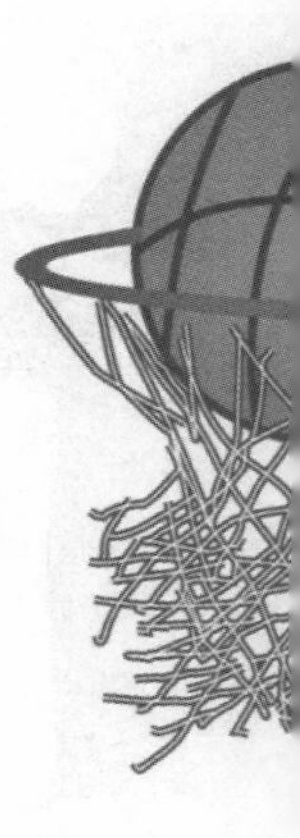

- 和你的父母一起设置一些家庭作业奖励。

考试策略

不管你有多聪明，只要想在考试中取得好成绩就需要付出努力。这就意味着要努力学习功课，还要学习如何参加各种各样的考试。让我们来谈谈：

- 为考试做好准备。
- 备考的方法。
- 考试技巧。
- 作文考试的技巧。

为考试做好准备

考试前你会熬夜吗？这可能是因为你常常忘记提前复习。如果你合理安排时间，你就会准备得更好，压力也会更小。你可以这么做：

- 在考试前几天就开始复习，这样你就会有自信，并为考试做好准备。
- 找出你需要集中学习的内容。你坐在桌子前学习效果可能会更好。
- 找出一天当中你注意力最集中的时间。如果你早上学习效率更高，试着在周末的早上去学习。

备考的方法

备考的方法很多。这里列出了一些。你还可以问问老师和父母其他的方法。

- 制作学习卡片。把单词、数学或社会研究的知识写在卡片的前面，在卡片的背面写上解析或答案，之后从卡片的任何一面来测试自己。
- 当你在课堂上做笔记时，只写在每页纸的前半部分，用每页纸的后半部分写总结笔记，为将来的考试做准备。在上完一天课后，及时阅读总结笔记。
- 把学习内容录下来，然后一遍又一遍地听。
- 不要死记硬背整个句子，找出需要记住的关键词。例如，从“水稻是中国最重要的农作物”一句中提取出“水稻”“中国”“农作物”这些关键词。
- 把要背单词的首字母组成一个或多个单词，这叫作助记术。助记术是用来记忆事物的技巧。要想记住四大洋（Indian, Arctic, Atlantic, Pacific）的英语单词，你可以记成“**I Am A P**erson（我是一个人）”。
- 试着把学习的内容想象成一幅画，方便记住所学的内容。练习一下：水星是最接近太阳的行星。

你学习已经很努力，也很有自信了，下面我们学习一些考试的技巧。

考试技巧

这里有一些认真参加考试的常识性技巧。

- 在开始任何考试之前，请至少阅读考试要求两次。
- 不要在任何一个问题或部分上花费太多时间。如果你有困难，在旁边做个记号，等一下再回过头来看。
- 一旦你知道了考试的时间，就要算出试卷上每个部分需要花费的时间。这样到最后你就不会时间不够了。
- 如果你忘了你学过的东西，用一张白纸（在老师的允许下）写下你脑海中关于这个话题的所有想法。如果你放松下来，有些内容就想起来了。
- 如果长时间连续考试对你来说很难，那么提前和老师计划好，可以在一天的不同时间，甚至是几天内，一次参加一门考试。
- 在做选择题时，先把你知道的错误答案去掉，正确答案就在剩下的选项里了，这被称为“排除法”。这是一个例子：

  这只海豚在 ________。

  a）跪着

  b）游泳

  c）购物

作文考试的技巧

以下是关于作文考试需要了解的一些事情：

- 在你动笔之前，先列一个大纲或画一个思路图，把你想写的要点内容列出来。用铅笔列提纲，你可以随时擦去不要的内容，方便修改。
- 如果你会用电脑，可以把作文输入电脑里。
- 再检查一下，确保你的文章中包含了所有你想写的要点内容。
- 每个段落要围绕中心思想展开并补充相关的细节内容。
- 在一些课堂上，孩子们可以进行口头作文考试，或者把作文录下来交给老师。

在交作文之前，看看有没有书写错误。

- 你有写错的字吗？
- 标点符号用得正确吗？

与作业和考试相比，你可能更喜欢体育和艺术，但它们都是学校学习的一部分。通过努力学习和不断练习，你可以更好地应对家庭作业和考试。在下一章，我们将讨论如何让学习变得有条理，更有掌控感。

第七章

条理性和时间管理

你记得你最喜欢的棒球手套放在哪里了吗？你记得你的科学课作业什么时候要交吗？你还记得星期六你们的足球赛是几点开始吗？哇，你有太多事情要记住！如果你很难记住你要做的事情和你的日程安排，这并不是你一个人会遇到的问题，很多人都有这样的问题。在这一章，我们将学习如何在学校内外更好地有条理性和计划性。我们会谈谈如何：

- 有条理。
- 管理时间。
- 规划目标。

有条理

如果你发现上个月的数学作业还躺在储物柜的底部，压在你一直找不到的运动鞋下面（因此你的体育老师告诉你要准备两双运动鞋），你可能需要一些帮助来让自己的学习和生活变得有条理。对你来说，记住学校的作业和课外活动也可能会很困难。

让我们来谈谈如何让自己在家里和学校更有条理性。

在家的建议

当你把家里收拾得井井有条时，你的感觉会更好。你花在找东西上的时间越少，就越能利用好你的时间。下面是一些对其他孩子行之有效的方法。

- 在卧室里挂一个大日历。把报告、作业、考试和马上要进行的特殊活动记录在相应的日期格子里。每天晚上看看日历上接下来的三天有什么事情，你就能知道接下来会发生什么了。
- 为自己做便条，把它们放在你能随时看到的地方，这样你就能记住要做的重要事情。
- 在你的房间里放一个书架，专门用来放上学用的课本和资料。
- 找个地方把你的长期作业和重要作业保存下来。
- 在厨房里放一个家庭留言板，你和家人可以把一些活动、会议和其他重要的事情写在上面以作提醒。
- 每周定期清理你的书包。试着在每周的同一天做这件事。

- 每周整理你的文件夹。扔掉你不需要的资料。把所有的资料按相应的主题分类整理。如果你不确定一些资料是否需要保留，可以提前问问老师。
- 晚上收拾好书包，把需要的笔记本和作业都放在里面，这样你早上就不用匆忙地收拾学习物品了。

有条理是需要花时间的，但想想看，你花了多少时间去找丢失的东西！花点时间做有意义的事不是更好吗?

在学校的建议

老师总是会谈论有条理的重要性，你要知道老师说的是什么。以下是一些值得尝试的建议：

- 当你每天放学整理书包时，花几分钟来检查你是否把所有家庭作业材料和所需的书都装进了书包里。
- 每周整理好你的课桌和储物柜。
- 使用家庭作业计划本。每天离开学校之前，停下来检查每一门课的作业是否记录了。如果某门课没有家庭作业，在这门课旁边写上“没有”或者在空白处画上“x”。
- 把重要的东西放在书包、储物柜和桌子的同一个地方。
- 当你从老师那里拿到一张试卷时，把它放进正确的文件夹里。

一旦你把家里和学校的一切都变得井井有条，你也会更加愉快地生活和学习。你可能会发现家长和老师赞许地看着你！

管理时间

管理时间是培养条理性的重要部分。时间是有趣的。你有没有注意到，当你玩得很开心的时候，时间过得很快；当你感到无聊的时候，哪怕只有几分钟的时间也会觉得很慢。管理时间的要点是好好利用时间。学会提前列计划就是管理时间的一种方法，它可以节省很多时间！这里有一些提前列计划的建议：

- 试着按逻辑顺序做事。例如，你要根据食谱做一道菜，在做之前先检查一下你需要的食材。
- 当你有一个大项目或课题时，把它分成几个小步骤，试着每天完成一到两个小步骤。
- 如果有一天你放学后会很忙，比如有舞蹈表演或体育比赛，试着提前完成作业。
- 如果长时间做事对你来说很难，那就把大任务分解成小任务。比如，你要打扫房间，先努力打扫15分钟，休息一下，再努力打扫15分钟，再休息一下。
- 有些人在一天的不同时间段做事效率也不一样。找出最适合你的时间，并在你的“最佳”时间去做那些对你来说困难的事情。

- 戴上手表，提醒自己什么时间去什么地方。
- 使用像厨房计时器一样的定时器，帮助你坚持完成作业。
- 用闹钟叫自己起床去上学。
- 给自己制订一个课后时间表。安排好作业、家务和其他你需要做的事情。

学会管理时间是需要一段时间来学习的。向擅长管理时间的人（父母或老师）寻求帮助，你就可以提高自己的时间管理技能。

工具箱

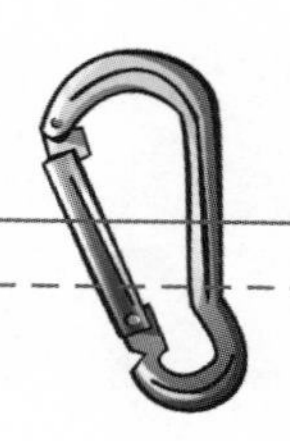

估算时间

你是怎么学会预估完成一件事情要花多长时间的？练习！在写家庭作业时试试这个方法：

- 写下你认为完成一门课的作业要花多长时间。
- 看看表上的时间，然后开始做作业。
- 当你完成时，再看一下表上的时间。

你估计的时间和实际花的时间吻合吗？如果有很大的差距，你可以找找原因。这样的练习，你做得越多，你就越能估算出你真正需要多少时间来完成一项作业。如果是其他的任务，你可以让大人帮你估计需要的时间。

规划目标

目标是你还没有做但想做的事情。比如，一只狗一直有一个目标，那就是抓住一只松鼠。它还没做这件事，但它一直在努力。它实际上已经想出了如何通过打滚来抓住松鼠，他很擅长打滚！

设定目标可以让你朝着目标努力。如果你打算爬一座山——到达山顶是你的目标，但你能从山脚一步就到山顶吗？除非你会飞，否则这是不可能的。

- 你只能一步一步地到达山顶。
- 你先设定一个近期目标，要到达山腰的一个地方。

工具箱

切斯特8岁了，他的目标是在下次单词测验中取得好成绩。这是他的计划：

- 与老师提前沟通，拿到单词表。
- 将12个单词分别写在12张卡片上。
- 从考试前三天开始，每天复习4张卡片。
- 让父母每天晚上考考我。
- 考试的当天，提前10分钟起床，做最后一次复习。

- 你到了那里，休息一下，然后再走远一点，到达另一个近期目标。

为自己设定现实的目标！一旦你设定了目标，要想好实现目标的步骤。

- 与你的老师和父母谈谈你的目标。
- 想一些你可以实现的简单目标。
- 记住，关注自己的进步，不拿自己和同学比较。你自己的进步是衡量成功的最好标准！

如果你的目标是在数学考试中取得好成绩，你可以安排好学习内容和规划好时间来达到这个目标！如果你的目标是学习如何做陶器，你可以学习一门课程，多花时间练习。有目标可以让你更好地梳理想法和规划事情。

做事有条理并不容易。但是，你尝试得越多，你的控制力就越强，感觉也会不错！在下一章，我们将着眼于一些技术方法以及它们是如何帮助你提高自我管理和学习技能的。

第八章

科技如何帮助你学习

科技对人们有很大的帮助。如果你想知道科技如何改变了我们的世界，请和你的爷爷奶奶或老邻居聊聊吧。问问他们在没有电脑和手机之前的生活是什么样子的。肯定和现在不同！我们将学习科技（如电脑、软件）是如何帮助你学习的。

电脑

你最近一次使用电脑是什么时候？可能是今天！你知道电脑可以使阅读、写作和拼写更容易！它还能帮助你更好地梳理想法和管理时间。电脑之所以伟大，是因为你是它的老板。电脑不会在你出错时大喊大叫，它还能帮你修正拼写错误。它听从你的指示，你可以告诉它什么时候开始，什么时候停止。你可以将它用于文字处理、日程安排、学习。

工具箱

救命！我忘记保存作业了！

请记住，别让这种事发生在你身上！

- 当你用电脑写作业时，要经常停一下，保存文档。
- 把你的作业打印一份，以防之后打不开电脑，或者你保存作业时出了问题。
- 创建一个备份文件。买一个适合你自己的U盘，把你的学习资料保存在里面。当你需要的时候把它带到学校。

键盘

如果你不用看就知道键盘上的字母和数字在哪里，你使用电脑就会更容易，也更快。如果你书写不好或写得很慢，学会用键盘对你就很有帮助。你可以按自己的速度敲击键盘输入文字，你的手也不会累。有许多软件可以教你如何使用键盘。

文字处理

你可以使用文字处理程序做笔记或者写文章。只要按一下键，你就可以改正错误。文字处理程序可以检查你的拼写和语法。用文字处理程序完成的作业往往干净整洁，容易阅读。通常，孩子们用这种方式会写得更多，因为这样可以更快地把想法写下来。

我们认识一个四年级学生，他写的字很难辨认。他真的很想要一只宠物猴子，所以他用电脑写了一篇漂亮的文章，并把它放在桌上给他的父母看。虽然他的爸爸妈妈并没有给他买一只猴子，但是他们认为他打字很不错，所以带他去动物园看了猴子！

日程安排

有一些记事本和计划表的小程序可以帮助你记录作业、时间和活动。你可以在你的电脑或手机上找到这些程序。你可以使用这些程序：

- 记录生活琐事、作业，设置提醒、截止日期，并在完成后勾掉它们。
- 制订一个备考计划。
- 制订你的活动和运动计划。
- 记录别人的生日。

学习

电脑也能帮助你学习。

- 制订学习计划，为考试做好准备。把学习内容输入电脑可以帮助你更好地记忆。
- 把要记住的最重要内容的字体标粗或换成彩色字体。
- 把学习的内容进行录音，一遍又一遍地听，直到你真正明白。

软件

因为大多数孩子都习惯使用电脑，所以它是一个很好的学习工具。享受探索不同软件的乐趣，看看哪些软件对自己有用。这里我们介绍一些有用的软件。

工具箱

有关字体的知识

文字在屏幕上的外观和风格叫作字体。字体可以改变，使其更容易阅读。如果你在屏幕上阅读时喜欢更大、更粗的字体，就把文字格式设置成这种样式。可以问一下你的老师在做作业和写报告时应该使用什么字体。

制图软件

在你开始写作文之前，有一些软件可以制作图形结构，帮助你梳理想法，比如制作思维导图的软件。然后你可以扩充你的想法，把它变成写作大纲，然后再转换成有条理的段落。

语音识别软件

如果你发现很难把你想说的内容写出来或用电脑打出来，那么语音识别软件可能很适合你。它能识别你的声音，并在你说的时候写下你说的话。你都不需要敲打键盘。

文本识别软件

当你需要做大量的复制和编辑文本时，文本识别软件非常方便。扫描器直接为你复制页面上的文字，省去打字的麻烦，然后你可以根据需要修改文字。

文字识别阅读软件

这项技术可以扫描并朗读文字材料。这对那些自己看书有困难的孩子是很有帮助的。当电脑阅读时，你可以一边听一边跟着屏幕上的文字。

有声书

如果阅读对你来说很难，或者你读得很慢，那么听书可能更适合你！这些书叫作有声书。许多图书馆都有有声书，你也可以在网上搜索你需要的有声书。

数学应用软件

有很多数学应用软件可以帮助你。你可以试试这些方法：

- 许多网站提供视频教学，教儿童数学技能。
- 数学小工具，比如你的手机可能有计算器，如果没有，你可以下载一个。
- 你可以在你的手机上安装其他的数学应用软件。

科技是登山工具包中的重要工具。找到适合你的方法。很快就会有更多我们无法想象的新技术出现了！接下来，我们将讨论五种不同的学习障碍，以及如果你有任何一种学习障碍，你可以如何帮助自己。

第三部分

攀登大山：克服学习障碍

第九章

阅读学习障碍

当你有阅读学习障碍时，你的阅读能力会不如跟你年龄或年级一样的学生。虽然你可能在很多方面的表现都很优异，但是你的阅读能力没有达到相应的水平。成人有时称阅读学习障碍为读写困难。如果你有阅读学习障碍，你可能会有一些或很多这样的问题：

- 认字困难，经常搞混音近的字。
- 学习拼读很困难。
- 经常搞混形近的字，如把“视”跟“祝”弄混。
- 经常颠倒字的偏旁部首。
- 很难记住字，即使是学过很多次。
- 即使认字，也难以理解所读的内容。
- 阅读的速度非常慢。

如果你有阅读学习障碍，你可能想要提高你的阅读能力，从而让阅读变得更容易。无论你在哪个年级，你都可以通过学习一些技巧和方法来成为一个更好的阅读者。

克服阅读学习障碍的策略

你的老师、父母都会帮助你提高阅读能力。玩阅读游戏是一种练习阅读的有趣方式。通过多阅读和多学习一些阅读策略，你也会成为一个更好的阅读者。我们会给你提供一些策略，你可以试一试，看看哪种适合你。

学会拼读

你可以一个字一个字或一个音一个音地读字词，然后将它们的发音连在一起。这里有两个例子。

- 看看太阳这个词。念出每个字的发音（tai yang），然后把这两个字的发音连起来念出这个词。
- 有时一个字的拼音很长。比如，强（qiang）这个字，你可以用三拼法，念出（q-i-ang）的发音，然后把这三个音连起来念出这个字。

高频字

高频字是把字作为整体来记忆的常用字，不需要每次都拼读它们。以下是一些常用的高频字：这、说、有、她、的、干。你认识的高频字越多，就越容易阅读。你可以使用字卡或用高频字做纸牌游戏来练习记忆高频字。

词语

当你看到新词时不要害怕！以下是一些阅读建议：

- 两个字组成的词语看起来像一个新词，但实际上可能是由两个你已经知道的字组成的，如“丛林”“回家”。
- 如果一个词或句子很长，你可以先寻找你认识的字。

理解新字词

当你遇到新字词时，你可能想跳过它们，但是不要这样做！这里有很多方法可以帮助你理解新字词，试试这些方法。

寻找熟悉的偏旁部首或你认识的单个字，有时候，仅仅通过这些，你就能理解大部分的字词。比如，木字旁的字大都跟树木有关，提手旁的字大都跟手或手上的动作有关，孬是由“不”和“好”组成，歪由“不”和“正”组成，明由“日”和“月”组成。

用句子中的其他词作为线索。当你在句子中看到一个新字的时候，有时你可以先读剩下来的词语来弄明白整个句子的意思。例如，你正在阅读“我上______迟到了”，如果这个字的偏旁是“讠”，你可能会猜出是“课”，如果这个字的偏旁是“王”，那可能是“班”。

工具箱

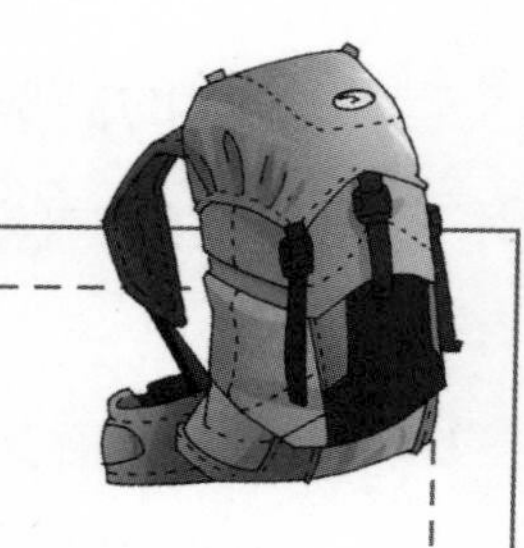

认字要细心

要学会仔细观察字的结构，因为有的字有时看上去和其他字很像。

- 你更愿意去哪个地方爬山，泰山还是秦岭？
- 你更喜欢吃哪一种东西，西瓜还是鸡爪？
- 你喜欢哪种动物，狗还是狍？

使用“字族”来帮助你理解字词。一旦你知道了“包”，你就可以很容易地学会读“抱”“饱”“胞”。一旦你知道了“人”这个字，你就能理解“从”“众”这些字的意思。

积累词语

你读过生词太多的文章吗？让人很难理解文章内容。积累一定的词汇量会使你更容易理解你所听到和读到的内容。

在你开始阅读之前，试一下这个办法。先浏览文章内容，把不理解的字词挑出来，使用字典（或问别人）来弄清这些字词的意思，把这些字词和它们的意思写在纸上，把纸放在你的手边，方便你阅读的时候查看。

下面是一些增加词汇量的小技巧：

- 用索引卡片。在卡片的一面写上生词，在另一面写上生词的意思。把这些卡片放进一个盒子里，经常复习直到你能记住它们。
- 用“生词本”把你日常学到的生词意思记下来。
- 如果有人用了一个你不知道的新词，问问他新词是什么意思。我们都是通过这种方式来学习更多新词的。
- 读不同种类的书，这会让你认识不同类别的词语。

你可能认识很多字词了，但这只是成为一个优秀读者的基础。你还要能理解你所读的内容，老师称之为“阅读理解”。下面让我们来谈谈这个。

提高阅读理解能力

一旦认字词变得容易了，你就可以继续阅读句子和段落了。我们把文字和思想内容结合起来理解我们所阅读的内容。有阅读学习障碍的孩子在理解他们所读的内容上有困难，即使他们能读懂所有的字词。这里有一些方法可以提高你的理解能力。

确定阅读目的。如果你只是为了享受而阅读，那么你的阅读方式就会与要求你寻找特定信息的阅读方式不同。当你的阅读作业中有问题需要回答时，你要读得更慢、更仔细。

在开始阅读之前先把问题看一遍，为在文中寻找答案提前做好准备。阅读时，把问题和铅笔放在身边，方便把答案写下来，或者把答案所在的那一页记下来。

标记重要信息。使用便利贴来标记有重要信息或有生词的页面。在你不理解的句子前面加上一个符号（如“√”），之后可以请别人给你讲解。

如果可以在纸上或书上做标记，请用荧光笔。把题目的关键词标出来（比如圈出每个句子中的名词）。你也可以把文章的主要观点和重要细节标记出来。

问问自己。当你阅读时，试着找出文章的主要观点。把每一页中最重要的想法写下来，或者把它录下来。当你读完后，这会帮你总结文章的中心思想。

问问自己是否读懂了。如果没有，回头再读一遍。如果仍然感到困惑，就向他人寻求帮助。

记录重要信息。阅读时，用一张大的索引卡作为书签。把你要记住的东西记下来，比如人物的名字和家庭关系。当书中对某事物有很长的描述时，试着把它画出来，这样你就能更好地记在脑子里，例如一个角色的样子、房子的设计和家谱等。如果你很难理解文章主题，可以多读几遍。在第二次读的时候，你会有更多的发现。

尝试不同形式的阅读。如果字号很小，阅读很困难，可以尝试用大号字体的书。还可以用有声读物，用你的耳朵来帮助你阅读！它可以使你更容易理解这本书。

练习，练习，再练习！

你读得越多，你学到的新词就越多，阅读也就越容易。从你觉得比较容易的书开始阅读，建立自信。下面是一些你可以练习的阅读技巧：

- 阅读你感兴趣的东西。体育统计资料、新奇的知识、儿童杂志、笑话书——任何你真正喜欢的东西都会吸引你的注意力，帮助你进行良好的阅读练习。
- 听一本有声书，和朗读者一起默读或大声朗读（眼睛盯着书页看）。
- 给年龄小的孩子读一本简单的书。
- 上网练习阅读同时也能享受乐趣。

如果你有阅读学习障碍，别担心，世界上有很多人和你一样！更多的好消息是，你的老师、父母可以帮助你提高阅读能力。有声书等科技产品也能让阅读变得更容易。一旦你成为一个优秀的读者，你将会获得一种了不起的力量！接下来，让我们来看看另一种学习障碍——数学学习障碍。

第十章

数学学习障碍

我们时时刻刻都要用到数学。我们用数学计数、运算、测量、报时和解决问题。当你为听新歌而存钱时，你就在使用数学。当你把饼干分给你的朋友时，你就在做数学题。即使数学不是你最擅长的科目，你也可以做很多事情来提高你的数学技能，并从中获得乐趣。在这一章，我们将讨论什么是数学学习障碍，并寻找帮助你学习数学的方法。

什么是数学学习障碍？

有数学学习障碍的孩子在学习和理解数学方面有很大的困难。他们的数学能力不如同年级的其他孩子。他们可能需要更多的时间来学习数学，他们学习数学的方式可能和班上的其他孩子不一样，他们可能需要老师换种教学方式，让数学学习起来更容易一些。如果你有数学学习障碍，你可能会遇到以下几个问题：

- 需要大量的额外练习才能理解新的数学知识。
- 很难理解解决数学问题的步骤和方法。
- 不会像其他同龄孩子一样快速或轻松地学习数学知识。
- 记不住。你很难记住学过的数学知识，也很难记住如何做数学运算。
- 解决数学问题有困难，特别是需要分多个步骤解决的问题。
- 粗心犯错。
- 做数学题的速度非常慢。

数学老师和辅导老师知道很多方法可以让人们更轻松地学习数学。如果你有上面提到的任何数学问题，我们希望你能尝试一下这些建议。

克服数学学习障碍的策略

即使你在数学学习上有困难，你仍然可以提高你的数学能力。一些科技手段可以让你的数学学习变得更容易。记住，学习数学的方法很多，没有哪个方法是唯一的。

调动你的感官

在做数学题时，你可以利用你身边的一些小东西，比如豆子、积木或硬币，使用这些东西会比用纸和笔更好地帮助你理解数学问题。

你也可以试着用画图法解决难题，因为只靠大脑思考会很难解决它。

经常复习

你可以在电脑上练习或用手机一遍又一遍地听你学过的数学知识。复习可能很无聊，但已有研究表明这是最好的记忆方式。

一次只学习一组数字，这样在你准备好学习新知识之前，你的大脑就不会超载。可以单独花一周时间学习一组数学知识。这里有一个例子：

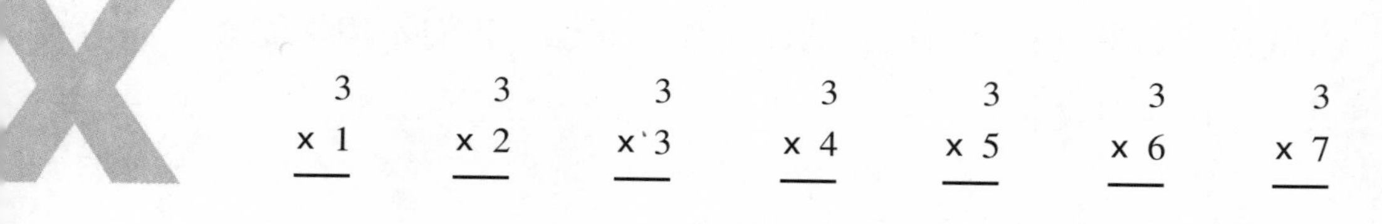

巧用纸张

用合适的纸帮助你学数学。

- 用方格纸可以把数字排成一列，在每个格子里写一个数字。
- 用横线笔记本纸，可以把数字写成整齐的一行。
- 书面要整洁！如果数学卷子上有太多的题目，你可以把它们重新写在一张干净的纸上，先在纸上解答数学题，也更容易做对。
- 除了你正在写的内容外，用纸把其他题目都遮起来，这样你就不会被其他题目干扰了。

使用工具和游戏

除了纸和笔，你还可以用其他工具来学习数学。下面是一些方法。

- 用计算器检查作业。
- 制作练习数学知识的卡片。
- 玩考验数学技能的电脑游戏。
- 你有存钱罐吗？数数你的钱，这是练习加法和乘法的好方法。

做应用题的技巧

应用题对你来说很难吗？下面是一些可以尝试的方法。

- 画出或重点标出所问问题的关键字（例如：求总和）。
- 把问题读几遍，或者大声读出来，这样你就能更好地理解该怎么做。确保你能读懂题中的所有字词。如果没有读懂，请别人帮助你。
- 做题之前先估计一下你的答案，做完题后再看一下你的最终答案，和你估计的一样吗？如果不是，要检查你的答题步骤。

工具箱

用画图法解题

把应用题的内容画出来，这样更容易解决问题。试着把下面的题目画在纸上。

1. 菲比有4块饼干，她姐姐给了她2块，她的狗偷吃了1块，还剩下多少块饼干？
2. 易的房间里有5个书架，每个书架有7本书，他的书架上有多少本书？
3. 萨曼莎新学年开始时只有10支铅笔，她在数学竞赛中又得了5支，她扔掉了4支坏的，她还剩下多少支铅笔?
4. 迪伦有20张纸，老师告诉他自己留下两张，然后把剩下的纸平均分给三位同学，他给每位同学分了多少张纸？

谁能帮助我？

你的登山团队里有人可以帮你解决数学问题。如果你在学习数学方面有困难，你可能需要：

- 请别人帮助你练习。
- 听数学知识的音频。

如果你在数学作业上有困难，可以和父母、老师一起尝试前面提到的方法。你也可以请他们给你布置更多的练习题。如果你们学校有数学互助小组，你也可以积极参加。有一些网站可以让你练习数学题，你可以找找看！

如果你学习数学有困难，可以多练习和寻求别人的帮助，这都会让你在学数学时更自信。多练习和多问问题会让你发现，数学是有意思的科目！下一章，我们将学习另一种学习障碍——书面语言学习障碍。

第十一章

书面语言学习障碍

凡是上过学的人都会告诉你，你在学校里必须写大量的东西。这对有书面语言学习障碍的孩子来说很难。许多有书面语言学习障碍的孩子有很多想法和素材，但是他们写出来的东西难以让别人理解。他们的想法可能缺乏条理性，也不完整，书写错误很多。对他们来说，写作可能比说话困难得多。

在本章中，我们将讨论到底什么是书面语言学习障碍。我们也会探讨一些可供尝试的策略。

什么是书面语言学习障碍？

如果你有书面语言学习障碍，你很难把你的想法写出来。你可能书写潦草，错误很多。你的写作课作业通常无法展示你真正知道的内容。你可能会遇到以下问题：

- 难以把想法写出来（尽管你能够很好地说出你的想法）。

- 写作时梳理不好自己的想法。
- 文章有语法和字词错误。
- 写字潦草，书写不工整。
- 反复擦掉自己写的东西。
- 经常出错，比如首行没有空两格、标点错误、句子不完整等。

克服书面语言学习障碍的策略

如果你在书面语言方面有问题，不要沮丧！有很多方法可以提高你的写作能力。试试这些方法，看看哪些适合你。

- 如果书写困难，试着用电脑打字。
- 放大行距，方便阅读和修改。
- 用可擦笔书写，便于修改。
- 使用书写顺滑的钢笔或握笔器，你的手不容易累。
- 如果你握笔太紧，让人教你如何正确握笔。

提高写作能力

如果你很难梳理好你想写的东西，你可以试试下面的一些方法。

在动笔之前，你可以用网络图或者思维导图梳理自己的想法，然后把这些想法组成一个段落。这里列举一个网络图的例子：

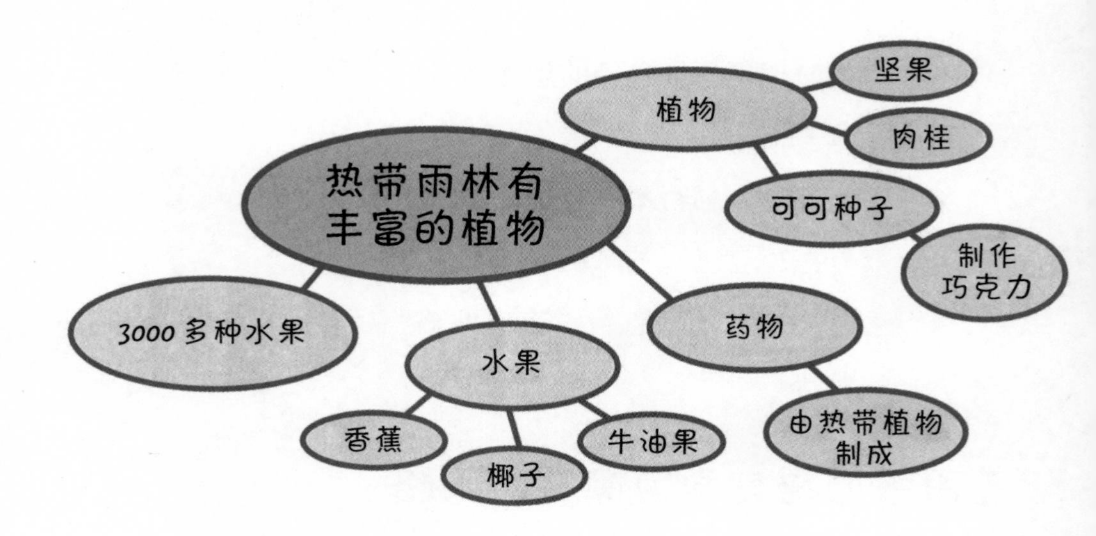

下面这段话是根据网络图写成的：

世界上的热带雨林有丰富的植物。热带雨林里生长着3000多种水果，如香蕉、椰子和牛油果。热带雨林中有可可种子、肉桂和坚果，可可种子可以用来制作巧克力。你知道哪些药物是由热带雨林植物制成的吗？热带雨林是许多重要和有用植物的家园。

下面的方法可以帮助你在写作前梳理思路。

- 先把你的想法说给别人听或录下来。
- 在写一段话或者一篇文章前，可以先列简单的提纲，帮助你梳理文章结构。（记住，当你画网络图或列提纲时，不需要写下完整的句子，因为这只是快速记录想法的方式。）

当你在构思段落时，你要记住每个段落都应该包含一个中心思想，以及详细描述中心思想的句子。

休息一下

这篇文章要写的是一场有趣的旅行。下面是写作提纲。

旅行大冒险

去年夏天我去露营

A. 为期三天

1. 在明尼苏达州的树林里。
2. 和爸爸还有两个表兄妹。
3. 睡在帐篷里。
4. 在湖里捕鱼。

B. 最精彩的事情

1. 捕了很多鱼。
2. 在森林里做饭和吃饭。
3. 在晚上讲鬼故事。

C. 最无趣的事情

1. 有天晚上下雨了，我们浑身湿透了。
2. 我在徒步旅行时丢了一只鞋。
3. 有两只臭鼬也在我们的营地露营！

谁能帮助我？

有很多人可以帮助你成为一个更好的写作者。有书面语言学习障碍的孩子通常会发现，在尝试写东西之前，和别人谈谈自己的想法是很有帮助的。别人会问你一些问题，会启发你产生更多的想法。老师、辅导员和父母都可以帮助你梳理想法，改正书写错误。

工具箱

校对文章

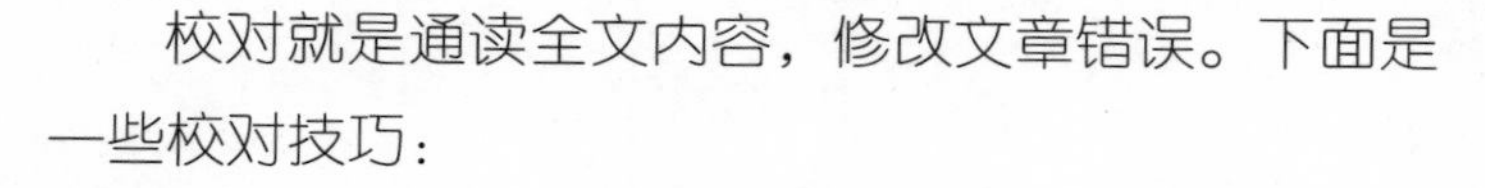

校对就是通读全文内容，修改文章错误。下面是一些校对技巧：

- 先校对一遍你的文章，然后放在一边，过一会儿再看，你可能又会发现几个错误。
- 确保所有句子都写完整了。
- 检查所有的标点符号是否正确。
- 你的首行有空两格吗？
- 请别人帮你检查书写错误，或者用电脑软件检查。

如果你总是记不住老师讲课的内容，你可以请同学帮你记笔记。有些老师会复印其他同学的笔记供班里孩子参考，你可以找老师要一份带回家。

你的登山团队里谁是最重要的成员？你猜对了，就是你。因为别人也不清楚你的想法，也不知道你表达想法的方式。那么，你知道如何才能成为一个作家吗？阅读别人的作品（比如同学的作品、报纸、杂志和图书），你会发现很多写作的好方法。

对许多人来说，要写好一篇文章并不容易，甚至一些著名作家也承认写作是非常艰苦的工作！这里引用了两位著名作家的话，你明白他们的意思吗？

“我不是一个很好的作家，但我是一个优秀的重写者。”

——詹姆斯·米切纳

“废纸篓是一个作家最好的朋友。”

——艾萨克·巴什维斯·辛格

下一章我们将学习另一种学习障碍——口语学习障碍。

第十二章

口语学习障碍

如果每个人都保持安静，我们的世界会不会很无聊？说话和倾听是日常生活的重要组成部分。我们告诉别人自己的想法和需求，我们听别人聊天、讲笑话和提要求。但如果你很难流利地使用语言，那这些对你就都有困难，你可能需要帮助。在这一章，我们会讨论什么是口语学习障碍，并提供一些帮助你的策略。

什么是口语学习障碍？

你可能在很多方面都很聪明，但如果你有口语学习障碍，人们可能很难理解你想说什么。当你说话时，你可能很难决定使用哪些词语和句子；当你想说一件事时，你可能很难把你的想法表达清楚。

你可能很难理解别人说的话，尤其是对方语速很快或者说的句子比较复杂时。即使你能正确读出所有的字词，你也难以理解所读的内容。让我们先看看一些语言问题，然后再讨论一些实用的策略。如果你有口语学习障碍，你可能会有这些问题：

- 说话的时候找不到合适的词语。
- 学习和使用新词有困难。
- 难以表达清楚自己的想法。
- 很难理解并按照指示去做，尤其是有很多步骤的指示。
- 表达不清楚，别人听不懂你的话。
- 说话的语法错误。
- 理解不了别人说的趣事或笑话。
- 难以倾听和理解别人的谈话。
- 难以加入别人的聊天，不会合理结束谈话。小组讨论发言时会打断别人的话，因为你不知道什么时候轮到你说话。虽然你一直在说，但是说不到正题上。

克服口语学习障碍的策略

提高表达技巧

记住你要说的话。如果你想记住自己要说的话，可以把它写下来，这样就不会忘记了。你可以记在笔记本上，或者记在一张便签上，然后把便签贴在笔记本或者桌子上。

让别人明白你的想法。开头就把你要说的主题（如我们打棒球比赛，我朋友的腿骨折了）说出来，别人更容易听懂你要说的内容。把你的精力放在聊天的主题上，而不是非要想出表达精确的词语。

练习。对着镜子自己练习。你也可以和父母一起练习，把你想对别人说的话先说给父母听，他们会听你说的。比如练习告诉教练在垒球比赛时哪些事情对你有帮助，或者告诉弟弟你为什么不愿意借给他衣服。

工具箱

课堂发言的小技巧

如果你害怕在课堂上发言，试试下面这些方法：

- 请老师提前告诉你何时轮到你发言。
- 不要着急。在你回答问题之前可以说“让我想想”。
- 在脑海里描绘出你的答案或想法，然后试着描述你想象的画面。
- 在很多人面前发言前，把你整理好的想法写下来。

经常和那些让你感觉舒服的人（比如，认为你很聪明的爷爷，或者喜欢和你谈论体育的阿姨）聊一聊。你练习说话的次数越多，你就会说得越好！

提高阅读理解能力

有时你理解语言有困难，这会让你很难理解你阅读的内容。在第九章，我们给出了一些方法。例如：

- 确定阅读目的。
- 标记重要信息。
- 标记文章的主要观点。
- 阅读大字号的图书或者使用有声书。

理解别人说的话

当你听别人说话时，你能理解他们说的话吗？当老师给了你指示后，你是否还不知道该怎么做？如果你很难理解你所听到的内容，不妨试一试下面的这些方法。

如果你没听“明白”，就说出来。如果你没有完全理解他们的话，要让他们知道。如果有必要，你可以请对方换种方式解释给你听，或者用画图来解释。

录音。如果你知道老师要在课堂上讲很重要的内容，你可以把它录下来。之后再听录音，想听多少遍都行。

你在家里也可以这样做，比如，父母可以录下来你旅游两天要带的东西，你如何做家务等。

画画。当听不懂别人说的话时，你可以画卡通画或简笔画来帮助自己理解。例如，你的数学老师让你把一张纸折成8个盒子，并把你的名字放在右上角的盒子里。你可以试着把老师的话画出来，确保自己已经理解了。这种方法也可以用来理解家人的指示。

倾听。当有人跟你说话时，要看着这个人，这样会帮助你更好地理解他说的话。当你说话或听的时候，把分散注意力的背景声音（比如电视的声音）调低。

理解别人的指示

这里有一些方法可以帮助你更好地理解别人的指示：

- 如果你没有理解老师的指示，在开始学习前让同学再给你解释一遍。
- 让老师或父母给你的指示简单一些，你尽可能把它分解成更小的指示。
- 请语速快的人说话时放慢语速。
- 在你按照指示做之前，自己默默重复指示内容，这会帮助你记住指示。

休息一下

你知道吗，现在很多音频可以变速播放，把速度放慢或加快。这对你是一个很好的工具，你可以调到适合自己的速度播放，想听多少次就听多少次。

提高与人沟通的能力

与成年人和朋友沟通很重要，比如，你要告诉老师离开教室的原因，你要问朋友是否愿意来你家做客。下面这些方法会让别人更好地理解你。

要有礼貌。当别人跟你说话或者你跟别人说话的时候，看着这个人，等别人说完再开始说话，要给别人说话的机会。

学习如何加入多人谈话。当你想加入多人谈话时，至少先听20秒，听明白每个人都在说什么，然后再想想你要说什么。如果你想说的正是他们正在谈论的话题，那么就可以说话了。

不要着急。不要急于说出你想说的话，多留出一些时间想想如何表达自己的想法。

谁能帮助我？

当人们爬山时，团队成员之间互相沟通和互相帮助是很重要的。如果你不能理解别人说的话，你可以停下来想想如何能更好地与人沟通。当你有口语学习障碍时，你的团队成员会给你提供很好的建议。

- 言语治疗师可以告诉你一些提高语言技能的方法。他们受过专业的训练，能更好地帮助有语言障碍的人。
- 学校老师可以帮助你理解他的指示，并且在你回答问题前给你充足的时间准备你想说的内容。

父母能给你以下帮助：

- 给你足够的时间来想清楚自己想说什么。
- 告诉你新词语的意思。
- 提醒你在说话或听别人说话时要与人进行眼神交流。

我们每一天都要说话和听别人说话。如果你在听或说上有困难，那么你就需要帮助才能让学习更轻松一些。很幸运的是，有很多方法可以帮助你。一旦你学会了更好地使用语言，很多事情就变得容易了。在下一章，我们将讨论另一种学习障碍——非言语学习障碍。

第十三章

非言语学习障碍

在这一章我们将讨论什么是非言语学习障碍，以及如何提高应对非言语学习障碍的技能。有非言语学习障碍的孩子有很多良好的学习技能，比如丰富的词汇储备，书写正确。当然，他们也可能存在写作困难或者其他问题。如果你有非言语学习障碍，这一章会给你提供一些改进策略。

什么是非言语学习障碍？

非言语学习障碍是指大脑难以理解非文字的信息，比如一张图片或一张地图。非言语学习障碍不同于我们讨论过的其他学习障碍，它与学校里的任何一门课程都没有关系，但是它又影响了学校学习和家庭生活的方方面面。有非言语学习障碍的孩子也有很多优势，比如，他们可能擅长观察细节，善于用词，很会说话！

非言语学习障碍的表现

如果你有非言语学习障碍，你可能在很多方面会遇到问题。有非言语学习障碍的孩子可能很难记住他们看过的东西，或者很难理解人们何时会用面部表情或者肢体动作来表达情绪。有些有非言语学习障碍的孩子在平衡感和身体运动方面有困难。

接下来，我们将讨论非言语学习障碍的具体问题，可能包括以下几个方面：

- 阅读理解和数学。
- 快速适应。
- 身体活动和书写。
- 了解自己的情绪。
- 与人相处。

让我们来看看它们的具体表现。

阅读理解和数学

如果你有非言语学习障碍，你可能会数学计算和阅读，但也可能会遇到一些问题：

- 难以理解段落大意或者文章主旨。你也许很难（在你的脑海中）识别书中的不同场景，并理解主要思想。
- 难以理解一些数学概念（如分数），解决数学问题有困难。
- 解数学题不太会列竖式。

快速适应

快速适应指的是人们能够根据需要迅速改变。比如，如果你有非言语学习障碍，虽然平时你能够遵守学校的规章制度，但是如果规则或者课表发生了变化，你就难以适应这种变化。你可能会有以下问题：

- 当考试方式或家庭作业与往常不一样时，你很难适应。比如，老师总是给你们出多项选择题，这次突然出了判断题，你难以适应这种改变。
- 难以适应家里或学校常规的改变。
- 难以保持条理性。例如，你不喜欢你的新书包，因为它没有跟旧书包一样的夹层。

身体活动和书写

如果你是班里最后一个学会骑车的孩子，你是不是会很烦？有些有非言语障碍的孩子在一些身体活动上有困难，比如：

- 运动协调问题。你可能有时候动作笨拙，系不好鞋带，跑步不好。你还可能书写不整齐，不太会用剪刀，在艺术方面（比如画画）有困难。
- 你容易迷路，难以找到正确的路线。
- 你难以按时去上课或赶上校车。
- 你可能对噪声敏感，或者你的皮肤敏感（比如衬衫上的标签会让你很不舒服）。

工具箱

锻炼手指肌肉和手部肌肉，让它们更强壮，这对你的书写有帮助。你可以试试下面的方法：

- 串珠子。
- 学习缝纫或编织。
- 玩乐高玩具或小积木。
- 把意大利面、米粒或豆子粘在纸上。
- 用镊子夹起小物件。
- 学会打不同类型的结。
- 使用拉链。
- 玩彩泥。

了解自己的情绪

兴奋、痛苦、愤怒、悲伤和快乐这些都是我们的情绪。如果你能理解并能表达自己的情绪，你就能更好地控制情绪。对有非言语学习障碍的孩子来说，情绪管理可能会有点难：

- 你有时候会很沮丧，甚至会有大人所说的崩溃。崩溃是在遇到挫折时忍不住地哭喊。当别人看到你崩溃的样子时，他们也会感到难过，尤其是当他们不知道你崩溃的原因时。

- 你可能不知道该如何讨论自己的感受，有时候宁愿一个人待着，也不愿意谈论自己的感受。

与人相处

一个有非言语学习障碍的孩子对我们说:“我在学校没有遇到大麻烦，真正让我烦恼的是我没有朋友。”如果你有非言语学习障碍，你可能与同伴相处（社交方面）有困难，因为:

- 你可能在新的社交场合会不舒服，比如聚会或大型集体活动。
- 你独处的时间太长，可能会有点孤僻。
- 你没抓住笑话的笑点，还以为别人说笑话是在嘲笑你。
- 你很难理解别人的行为或“读懂别人的脸色”。

如果你有这些问题，你该怎么办？下面这些方法对非言语学习障碍的孩子很有用。

克服非言语学习障碍的策略

学习有很多种方法，非言语学习障碍的孩子也有很多方法可以帮助自己，让自己更自信。你可能已经在这本书的前面发现了一些有助于阅读、写作和数学学习的策略。你也可以在第十五章学习如何管理情绪，在第十七章学习如何交朋友。一定要去看看这些内容。

提高适应能力

很多人很难一直做到随机应变。如果你经常难以适应新变化，试试下面这些方法：

- 让你的父母和老师提前告诉你日常活动改变的时间，这样你就有机会说出你的疑问，并提前做好准备。
- 在你的房间里放一个大日历，把特别的事情（比如读书报告的截止时间，表弟要来做客）记在日期格子里。
- 试着和别人一起去上课，你就不用担心迷路或迟到了。

处理噪声

如果噪声打扰了你，试试这些方法：

- 如果班上有人说话的声音让你感到烦躁，你可以和老师谈谈，让

他给你找个安静的座位，离开那个人。

- 在嘈杂的活动中使用耳机。
- 在你需要的时候，请父母在家里留出一个安静的地方。
- 试着提前为学校的铃声或火警报警器的声音等做好准备，到时候你就不会那么惊讶了。

保持身体舒适

当身体舒适时，你就会有更多精力去做你想做的事。你可能会发现这些办法对你很有帮助：

- 让父母把衬衫上的标签剪掉，这样它就不会“打扰”你了。
- 穿宽松的衣服和鞋子。
- 锻炼！运动让我们的身体更强壮，也有助于消耗额外的能量或改善情绪。
- 如果你在一项运动上有困难，试试另一项运动！不喜欢跑步吗？游泳怎么样？体操太难了吗？可以试试瑜伽。不会骑自行车？徒步旅行怎么样？

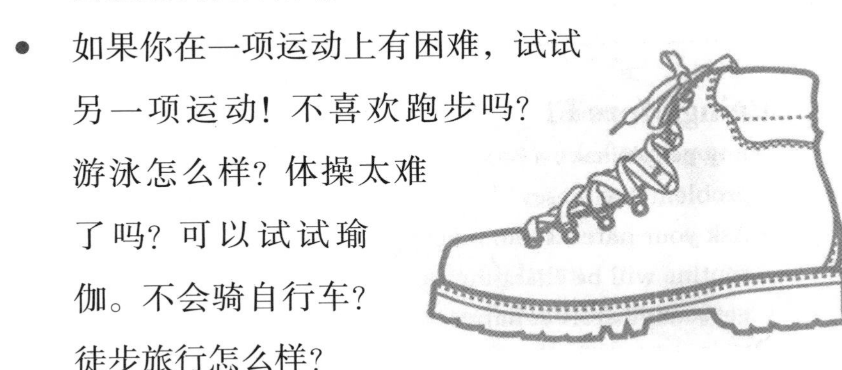

改善生活

- 和老师谈谈，让他帮你在班上找一个“指导伙伴”。当你不知道该怎么办的时候，他可以帮助你。
- 和家长或老师一起，列出完成一件事情需要的所有步骤。这样你就不会觉得做事情太难了。每完成一个步骤就检查一下。
- 让老师提前告诉你考试的题型，这样你就知道你会遇到哪些问题。

工具箱

打扫卧室清单

如果一件事需要很多步骤才能做完，你可能就做不好。你可以试试把步骤都列在清单上。这是打扫卧室的步骤：

1. 把脏衣服放进脏衣篮里。
2. 把所有的鞋子放进鞋柜里。
3. 把衣柜里的衣服都挂起来。
4. 把书都摆放在书架上。
5. 整理床铺。
6. 扫地。
7. 扔垃圾。

谁能帮助我？

你的登山团队有很多人可以帮助你克服非言语学习障碍，他们就像好朋友一样帮助那些爬山疲惫或者口渴的爬山队员。他们可能是：

- 职业治疗师或者理疗师，他们可以帮助孩子锻炼手指、手部肌肉和身体的其他部位。如果你不喜欢触摸某些东西的感觉，他们也可以帮助你。
- 父母和老师会帮助你解决问题。例如，帮助你解决在学校遇到的困难并理解你的感受。
- 咨询师或治疗师会帮助你学习理解他人以及与人相处的技巧。你也可以学习一些放松和解决问题的新方法。
- 你的教练会帮助你在运动项目中成为更好的队员，更好地融入团队。

非言语学习障碍是一种特殊的学习障碍。它让生活中的一些重要事情变得困难，如与他人相处，运动和写完作业。我们希望你能在本章中找到有用的建议。接下来，我们会讨论如何让你的校外生活变得更加顺利。

第四部分

露营：校外生活

地图

第十四章

管理好自己的生活

背着沉重的书包度过漫长的一天，写字写得手疼，独处很久，那么回到一个温暖轻松的地方会让你感觉很好。家应该是你休息、平静和养精蓄锐的地方，能够让你心情舒畅。我们接下来会讨论如何在家里管理时间，创造自己的私人空间，以及如何与家人相处。

管理时间

怎样才能让家庭生活更好、更放松呢？我们对你的早晨、放学后、晚上和周末安排有一些建议。

早晨

美好的早晨通常会带来美好的一天。让下面这些事情开启美好的早晨：

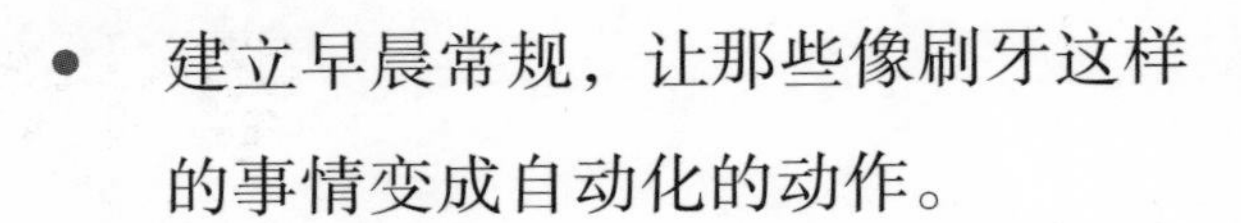

- 建立早晨常规，让那些像刷牙这样的事情变成自动化的动作。
- 早点起床，这样你就不必匆匆忙忙地做每件事。
- 如果你喜欢安静，就自己吃早餐。
- 和能让你开心的家人一起吃早餐。

工具箱

曼纽尔的“不匆忙”计划

曼纽尔每天早上总是匆匆忙忙，有时还会误了校车。“再也不要这样子了！”他对自己说道，并决定试着改变生活方式。以下是他的计划：

晚上睡觉前

- 收拾背包。
- 把第二天要穿的衣服拿出来。
- 把麦片倒进碗里，盖上盖子。
- 设置闹钟。
- 洗澡。
- 刷牙。
- 说晚安！

早晨

- 起床。
- 穿好衣服。
- 把午餐放到背包里。
- 在麦片中加入牛奶、果汁。
- 吃早餐。
- 刷牙。
- 背好背包。
- 出发，准时很高兴！

放学后

繁重的学习任务会带给你压力，所以当你在家放松的时候，可以做一些让自己开心的事情！

- 去户外！去院子或公园里放松，让你平静下来。
- 锻炼。在户外跑步，骑自行车或者散步。
- 拥抱自然。有些孩子在户外做作业时，注意力更集中。
- 让自己“切断电源”！关掉电视、电脑或手机。一开始，这可能很难，但是每天要抽出一部分时间这样做。当你总是处于忙碌状态时，你很难放松。
- 和朋友保持联系。
- 邀请小伙伴们和你一起出去玩。

晚上

一旦写完作业，就该放松一下了。下面是一些在睡觉前让自己放松下来的方法。

- 舒服地洗个澡。
- 把第二天上学要用的东西都收拾好。每晚都把它们放在同一个地方。
- 睡觉前听音乐或听故事。

创造自己的私人空间

无论你的家有多大，有一个属于你的私人空间会让你感觉很好。它可以是一个舒适的角落或你自己的房间，也可以是一个读书、听音乐或发呆的地方。发挥想象力去布置这个地方。

- 用枕头、喜欢的书、海报、玩具来布置一个角落。
- 和你的父母谈谈，请他们允许你买一把舒适的椅子、一张书桌或者一个架子来存放你喜欢的东西。

建立学习区。

- 找一个没有干扰的地方。
- 保持这个地方整洁有序，这样作业和课题项目就不会找不到。
- 把所需的学习物品（纸、尺子、橡皮）放在这里。

工具箱

尊重你的身体

好心情会让学习变得更容易。记住：

- 健康饮食（别忘了吃早餐）。
- 保证充足的睡眠。
- 经常锻炼。
- 和朋友多交流。
- 如果有烦心事，可以跟成人谈谈。

与家人相处

有的家庭安静有序，有的家庭喧闹忙碌。无论你的家是什么样子，它都可以是一个特别而有趣的地方。让我们来看看你和家人怎样能让家变得更美好。

父母

你父母很了解你。他们通常知道什么适合你，什么会让你高兴或生气，他们是和你在一起时间最长的登山队成员。他们会在你遇到困难的时候支持你，帮助你！ 你在需要时可以向他们寻求帮助或建议。但是，要成为一个独立的人，也要试着自己去找到处理一些事情的方法。

- 与爸爸妈妈一起决定你有多少空闲时间。你需要玩耍的时间。向你的父母保证，你会按时完成作业。

- 每天晚上安排一个安静的家庭时间。有些家庭每天都有一个关掉电视的时间，这会让你更容易完成家庭作业。

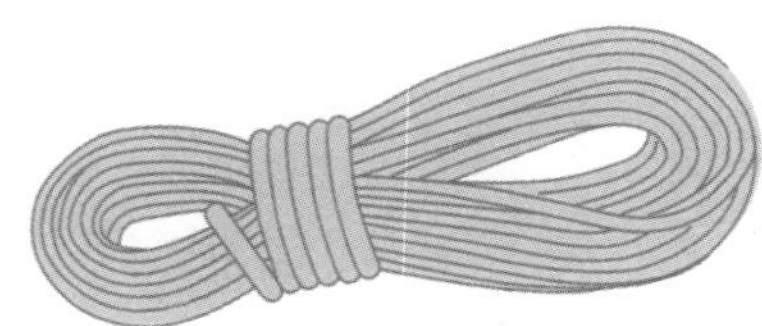

- 每天下午或晚上安排30分钟的时间，让爸爸或妈妈帮助你处理与学校有关的事情或者其他事情。
- 当父母给你指示的时候，让他们把指示写下来或者录下来。你就不用再记住这些事情了，他们也不会觉得你忽视了他们的要求。
- 和你的父母谈谈哪些问题你自己能处理，哪些问题需要他们帮忙。比如，你觉得老师给你的分数不公平，你认为应该是家长去和老师谈谈，还是你自己去和老师谈谈？
- 抽出时间和家人一起做些有趣的事情。你喜欢和妹妹玩捉人游戏吗？喜欢和爸爸一起做饭吗？喜欢和姑姑下棋吗？

兄弟姐妹

和兄弟姐妹一起生活有时很有趣，但有时情况就不一样了。好消息是，许多兄弟姐妹长大后会成为好朋友。那为什么不从现在开始好好相处呢？下面建议可以帮助你：

- 不要拿自己和兄弟姐妹比较。他们容易做的事对你来说可能并不容易，但有些事你可能比他们做得更好。
- 请你的父母制订明确的规则，这样你的兄弟姐妹就不会再惹你烦恼了。

- 给你的某个玩具贴上标签，这样兄弟姐妹就不会把它拿走了。
- 忽略他们烦人的行为。有时候兄弟姐妹做这些事只是为了看看你的反应。
- 试着用爱的方式和他们相处。为兄弟姐妹做一些事情，比如带给他们需要的东西，帮助他们找到放错地方的东西。
- 兄弟姐妹烦你的时候，你要告诉他们。如果他们不知道你为什么生气，他们还会这么做。

休息一下

家人之间沟通的好方法

下面是一些家人之间沟通的好方法：

- 留言板。
- 家庭会议。
- 家庭日历。
- 家务轮流表。
- 家庭聚餐。

你的家人们是如何沟通的？

你在学校的生活很重要，在家里的生活也同样重要。在家里给自己一个舒适的空间、学会享受与家人和朋友在一起的时光、好好照顾自己，所有这些都能让放学后和周末的时光成为你快乐生活的一部分。在下一章，我们将学习对你来说非常重要的内容——管理情绪。

第十五章

管理情绪

如果你有学习障碍，你可以和其他有学习障碍的孩子分享你的感受。你可能会感到：

- **沮丧**——虽然你学习很努力，但是仍然答错了题目，拿不到好成绩。
- **生气**——别的同学都理解了，而你还没理解。
- **难过**——虽然你知道想说什么或者写什么，但是大脑却很混乱。
- **焦虑**——考试时害怕考不好，你进步很慢或者只是取得了很小的进步。

你不是唯一会感到生气、难过或焦虑的人，其他孩子也有这种情绪。让我们谈谈这些情绪，以及如何管理它们。

沮丧

生活中有很多轻松有趣的事情。对于有学习障碍的孩子来说，有些事情却很难做好，比如学习这件事，所以上学对他们来说可能没那么有趣。虽然学习困难，但是我们要勇敢面对，我们要知道如何阅读、写作和做数学题。我们现在上学要用到这些技能，长大后工作中还会用到。

当你做事情遇到挫折时，你可能会感到沮丧、烦躁不安、身心疲惫。这些感觉都是正常的。当感到沮丧时，你可以试试下面的方法：

- 深呼吸。放松你的手和手臂。
- 把手放在脑后，伸展手臂。
- 遇到困难休息一下。花几分钟时间做做其他事情。
- 有很多事情要做时，可以一步一步地慢慢开始做。

生气

生气是你非常沮丧时的感觉。当你学习或做作业时，你想做到最好，但结果并不如意，你可能会感到生气。你生气时会感到烦躁和发热，心跳加速。你可能会咬紧牙关，握紧拳头。每个人都有生气的时候。生气是正常的，但是太生气是有害的，所以要控制愤怒的情绪。如何在不伤害自己和他人的情况下管理愤怒的情绪，你可以试试下面的方法：

- 当你知道自己很生气时，远离他人，这样你就不会说出伤人的话，做一些你以后可能会后悔的事情。

- 你如果在家里，可以回自己的房间去冷静一下。
- 用拳头打枕头或沙袋。
- 画一幅画来表达你的感受。
- 运动。征得父母的同意后，绕着小区跑一圈，或者骑自行车。该玩时好好地玩。
- 列出一个抱怨清单，想列多长就列多长。
- 当你冷静下来的时候，和你的父母、老师或咨询师谈谈你的抱怨。

难过

难过是你想哭时的感觉。许多孩子没有意识到，难过可能伴随着挫折和愤怒而来。如果你感到沮丧，你可能认为自己做什么都不会让心情好起来，你就会感到难过。成绩不好或在学校被人嘲笑都会让你感到难过。可以试试下面的方法来缓解难过情绪：

- 提醒自己谁是爱你的人——父母、亲戚和朋友。
- 和你的宠物玩。
- 和朋友聊天。
- 把你最喜欢的音乐放进播放列表里，难过时听听。
- 制作一本能让你笑起来的笑话和谜语书，难过时读读它。
- 列出10件让你快乐的事情。

休息一下

你的放松之旅

你感到焦虑吗？在脑海中进行一次放松的旅行。试着想象你去了你最喜欢的地方，比如去山里远足，然后想一想：

- 你周围都是高大茂密的树木。
- 鸟儿在叫。
- 凉风拂过你的脸颊。
- 温暖的阳光照在你的背上。
- 你可以在这里休息、喝水或者看看山下的风景。
- 鹿在小溪边喝水！
- 田野和草地上的鲜花扑鼻。

焦虑

焦虑是表示非常担心的另一个词。每个人都会感到焦虑。学习困难和焦虑是同时发生的。焦虑是一些有学习障碍的孩子不喜欢学校和家庭作业的一个原因。如果你担心别的事情，你就很难集中精力去学习。通常，当你不再担心时，你会感觉更好，学习的困难也会减少。当你感到焦虑时，你可以尝试下面的方法：

- 闭上眼睛。在你的脑海里来一次放松的旅行，想象一个你最喜欢的地方。
- 锻炼！跳舞、跑步都可以。身体活动有助于缓解焦虑情绪。
- 当你觉得有太多的事情要做时，你可以列一个计划。
- 想想让你烦恼的事情，然后和你的父母或咨询师谈谈。
- 深呼吸，放松肌肉。

在这一章，我们谈到了影响你心情的消极情绪。但是，别忘了你有能力控制这些情绪。只要努力，你就能找到所有美好的情绪，比如骄傲、兴奋和幸福！在下一章，我们将讨论一种非常重要的感觉——自信。

第十六章

如何让自己更自信

自信的感觉是不是很棒？是的！大多数人总会自信满满吗？不是！有学习障碍的孩子面对学习问题会缺乏自信吗？是的！一些有学习障碍的孩子会长时间缺乏自信，这并不好。

自信能够让你充满干劲和激情，努力去做每一件事。当你自信时，你会觉得你能做很多事情。让我们看看如何让自己更自信。

接受自己的优势和不足

当你有学习障碍的时候，你可能会说："为什么是我？这不公平。"但是，这就像是在说"我为什么这么高"或"我的头发是直的，这不公平"一样。记住，这就是你，在某些方面不同于别人，在某些方面又和别人一样。我们每个人都是特别的，独一无二的。因为人们各不相同，所以这个世界才更加美妙，你接受了这一点，你会更喜欢自己，也会更喜欢自己的优势和不足。

接受自己的优势和不足会让你为自己感到骄傲。你该如何开始呢？先想出自己的三个优点，然后再往下读：

- 自我解嘲，不要害怕犯错。
- 学会接受批评并好好利用它。想想你如何使用别人的批评来做好正在做的事情。
- 帮助别人。我们都可以为他人做好事，做好事让我们内心感到温暖。试着做好事吧，你会发现你在很多重要的事情上能给别人提供帮助。

休息一下

帮助别人能让你感到骄傲。你可以试试：

- 给弟弟、妹妹或邻居读书。
- 和家人一起给收容所送食物。
- 自愿照顾别人的宠物。
- 在家里帮助你的父母或祖父母。
- 拜访住在养老院的人。
- 参加慈善机构的筹款活动。
- 赞美别人，观察人们的微笑。

- 列出你的优点。记住父母、老师和朋友告诉你的那些优点，记住他们的话会让你更加欣赏自己。

自我对话

自我对话就是你与自己在大脑里进行对话。自我对话能帮助你找到解决问题的方法，并鼓励自己，这意味着你要做自己的好朋友，把自我对话当作给自己鼓劲。下面是一些自我对话的方法：

- 表扬自己，告诉自己你是如何进步的。例如，你可以说“我这次上课只迟到了5分钟，而不是10分钟”。
- 提醒自己，不完美不代表没进步。有时候，不管结果如何，只要努力就应该对自己说“我很棒”。
- 积极地和自己对话，鼓励自己。当你认为自己没有把作业做好时，问问自己下次该如何改进。
- 提醒自己有哪些人会帮助你。你有一支强大的登山团队，在你需要的时候会支持你。
- 告诉自己，只要坚持不懈，不断尝试，几乎每件事都会有进步。
- 如果你努力了，但是没有成功，那就用自我对话给自己鼓气，让自己接受并理解失败只是生活的一小部分。

- 提醒自己关注那些能让你快乐的事情。你的学习障碍只是你生活的一部分。
- 告诉自己学习障碍现在看起来是大事情，但随着你的成长，你能学会如何应对它。事情会不断变化的，你也能学会克服困难。

工具箱

积极自我对话的例子

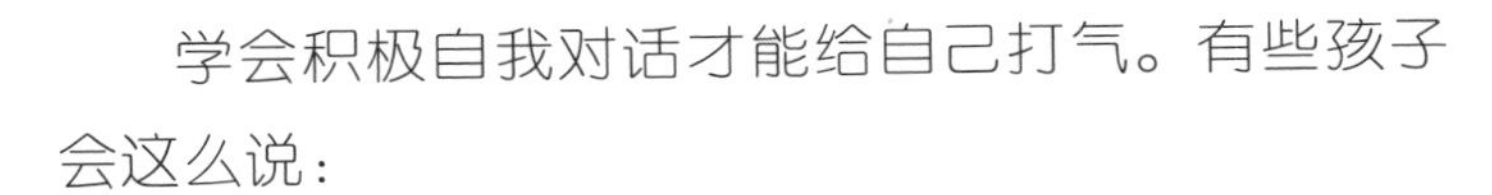

学会积极自我对话才能给自己打气。有些孩子会这么说：

- 伊莎贝尔说：“虽然我在阅读上有困难，但是我的艺术作品很棒。”
- 陈说：“虽然我的数学不够好，但是我为自己写的诗歌感到骄傲。”
- 胡安说：“虽然我在写作方面有学习障碍，但是我的数学很棒。”
- 马克说：“虽然我不太擅长踢足球，但是我擅长游泳。”
- 罗伯茨女士是一位五年级的老师，她说：“教有学习障碍的孩子，我最喜欢他们的一点是，他们愿意努力学习，不为自己感到难过。他们会持续努力，直到找到可行的方法。”

用自我对话来鼓励自己，赞扬自己，记住自己所有的优秀品质。

强化优势

强化优势是让你变得更自信的好方法。如果你擅长体操，那就努力练习平衡木或双杠；如果你擅长艺术，那就努力学习画画。要知道，社会需要优秀的体操运动员、体育老师、艺术家和插画家！如果你不知道自己的优势是什么，该怎么办呢？以下是一些建议：

- 尝试你喜欢的新事物和新活动，这是你了解自己的机会。
- 和父母一起检查过去的成绩单，看看你的老师认为你擅长什么。
- 与社会工作者、心理学家或咨询师合作，让他们帮助你发现自己的优势，增强自信。

从错误和失败中学会成长

当方法对你有用时，要坚持做下去。如果没有效果，那可能这种方法不适合你。在放弃一个想法或不再尝试一些困难的事情之前，要弄清楚为什么没有成功。每个人都会犯错，这促使我们在某件事上做得更好。每个人都可以从失败和错误中学习。下面是学生从错误中学会成长的方法。

一个六年级的学生通过制作笔记卡片来准备社会学大型考试，可他的考试成绩却很差。过后，他并没有说“我再也不这样学习了”，反而积极和指导老师沟通。他们沟通后发现，因为每天要学习的卡片太多，所以他一直拖到很晚才开始学习。他们一起制订了一个计划，帮助他下次更高效地学习。他并没有认为自己不擅长学习，而是从问题中对自己有了新的认识。

一个七年级的学生漏做了数学试卷的最后一页，她惊讶地发现自己是第一个交卷的人，可是她忘记检查试卷了。事后她反思了自己的错误，决定从两个方面作出改变：一是当她觉得有些事情很奇怪的时候，不再害怕去问老师；二是在交卷之前，一定要检查试卷上的每个题目。她从自己的错误中吸取了教训，并且为以后不再犯类似错误而感到高兴。

你遇到问题了吗？你犯过错误吗？你可以作出改变！学会解决问题并从错误中吸取教训，这会让你更加自信。

朋友

好朋友很了解你，认可你，也能帮助你建立自信。想要得到朋友的支持，你可以这样做：

- 多和友善的人在一起。如果他们不好相处，就不会是你的好朋友，跟他们说再见吧。
- 找一些和你有相同兴趣的人。你们在一起就会玩得很开心。你可以尝试你朋友喜欢的事物，然后让他尝试你喜欢的事物。

我们在下一章会更详细地讨论如何建立和维护友谊。

活动和爱好

如果你有学习困难，那么业余时间做你喜欢的事情就很重要。活动和爱好让我们有机会更多地了解自己并享受生活的乐趣。当你做喜欢做的事情时，你会更自信。

想尝试一些你可能喜欢的新事物吗？下面这些活动怎么样？

- 空手道。
- 绘画和涂色。
- 音乐。
- 跳舞。

- 表演。
- 象棋。
- 折纸。
- 烹饪。

想一个你可能喜欢的事物去试试，除非你尝试过，否则你永远不知道你将会擅长什么。

让我们回顾一下这一章的主要内容：用积极的方式和自己对话；找一些有趣的朋友；参加你喜欢的活动；提醒自己犯错也没关系的，尤其是当你能从中学到东西的时候。最重要的是，记住，尽管你有优势，也有不足，但你真的很棒。在下一章，我们将重点讲述登山团队中能让你更加自信的人——你的朋友。

第十七章

交朋友和保持友谊

许多孩子都有好朋友，但有些孩子却没有，即使他们很想有朋友。有时候一些孩子不能很好地理解学习障碍，还嘲笑有学习障碍的孩子。这使得一些有学习障碍的孩子很难交到朋友，也很难维护友谊。

建立和维护友谊的方法有很多。在这一章，我们将讨论如何和其他孩子保持良好的关系。让我们先谈谈你可能难以建立和维护友谊的原因。

交朋友时存在的问题

下面这些看起来眼熟吗？

- 你可能对其他孩子的言行很敏感。人们很容易犯一个错误，那就是认为有些事情发生了，但实际上并没有发生。例如，你的一个朋友和你不喜欢的人聊天，这并不意味着他不再是你的朋友。

- 你可能很难通过观察别人的面部表情或倾听他们的话来判断他们的感受。例如，你认为你的足球队友生你的气，因为他们告诉你要更加努力。但是，如果你仔细看他们的脸，认真听他们的话，你就会发现他们真的是在鼓励你尽力而为。
- 你可能在听和理解指示上有困难。例如，你最好的朋友可能让你做某事，但是你不明白他的指示，所以做错了。
- 你可能会觉得玩规则游戏会让你很沮丧。你可能会忘记一些规则，其他孩子会生你的气。

如果你有这些问题，不要担心！你可以学着改变。

交新朋友

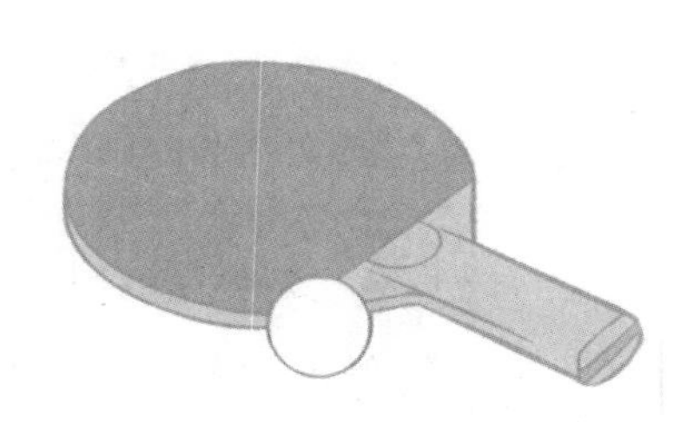

你试过下面这些方法吗？

- 想想你愿意和谁一起玩。
- 试着找到和你有相同兴趣的孩子。如果你和你的同学都喜欢乐高玩具，邀请他到你家来玩。
- 如果你参加课外活动，你可能会遇到一些你喜欢的人。
- 了解你朋友的朋友或者你父母朋友的孩子。当你和这些孩子一起玩的时候，你会有交友优势，因为你们已经有了一个共同的朋友。

- 你可以单独一个人或者在父母的帮助下，和新朋友一起出去玩一个小时。如果一切顺利的话，下次玩的时间可以长一点。
- 想出几句话来解释你的学习障碍，以防有人问你。比如：“有学习障碍的孩子很聪明。我们只是需要用和你们不同的方式来学习一些课程而已。成千上万的人都有学习障碍。”
- 如果你不想参加群体活动，如生日聚会或社团活动，可以请你的父母先帮助你一次只和一个或两个朋友玩。

合群

你可能在聚会、课间休息时和操场上不太合群。大家说话或者做事速度很快，可能会把注意力主要集中在群体中的一些人身上。以下是一些帮助你融入群体的可操作性建议：

- 如果一开始没有人注意到你，不要灰心。团队中的老成员忽视新成员是很正常的。问问你的父母，他们可能会告诉你，他们也遇到过这样的事情。
- 大声说出你的想法，即使你只是说了“我能加入你们吗？”这一句话。这么做会让别人更有可能尊重你，让你更容易加入他们的团队。如果你说话的声音很小，大家可能会忽略你。

- 你在尝试加入新团队之前，先和你的朋友或父母用洪亮有力的声音进行场景排练。要提前练习自我介绍。
- 加入一个和你兴趣爱好相同的团队。如果你喜欢踢足球，对长曲棍球一无所知，就不要试图去加入一个长曲棍球队。
- 做好准备。如果你知道这个团队的人通常谈论什么，那就提前想一些你可以加入他们谈话中的内容。
- 如果你没有什么可补充的内容，那就用心去听，而不是去说。
- 不打断别人的话。如果别人正在交谈，应选择谈话出现停顿的时候再谈论你对这个话题的看法，尽量不去打断别人。
- 如果你想参加课间的游戏，却找不到可以加入的团队，那就找那些不玩游戏的孩子。有时这些孩子会很高兴玩新的游戏，然后你可以组建一个自己的团队。

如何维护友谊

做一个人的好朋友是需要付出努力的，但这是值得的！每个人都可以学习成为一个好（或更好的）朋友。以下是一些方法：

- 对朋友忠诚。不要在别人面前说朋友的坏话。当你和一群人在一起的时候，不要把他们落下。
- 为朋友做好事。如果他们的书包里掉出来一本书，你可以帮他们捡起来。
- 你希望别人怎样对待你，你就怎样对待别人。
- 学会看懂面部表情和肢体语言。你说话或做事时留意别人的表情，这样你就能在说错话时迅速纠正错误。你可以请父母或咨询师帮助你学会这样做。
- 做一个好的倾听者。听人说话时要看着别人的眼睛。如果别人说了你不懂的话，礼貌地要求他再解释一下。
- 如果你伤害了朋友的感情，就要道歉。
- 告诉朋友，如果你忘了规则，让他提醒你注意规则。
- 向别人展现你优秀的一面。展示你擅长的事情，但不要吹嘘！

休息一下

维护友谊的注意事项

不要做的事情

- 不要嘲笑别人。
- 不要打断别人。
- 不要专横。
- 不要让别人欺负你。

要做的事情

- 待人友善。
- 给别人说话的机会。
- 一起决定玩什么游戏。
- 告诉你的父母、老师或教练，让他们帮助你。

如何应对别人的嘲笑

有时候别人说话尖酸刻薄，会嘲笑你。虽然很多人都经历过这种事，但是当它发生在你身上时，你还是会很伤心。如果有人对你说了刻薄的话，你该怎么办？以下是一些建议：

- 第一次试着忽略它。远离嘲笑你的人。
- 尽量保持平静的表情，这样别人就不会看到你烦恼伤心的样子。
- 适当的幽默。有时候，这会让嘲笑你的人不再嘲笑你。

这里有两个你可以参考的例子：

嘲笑你的人：你为什么剪这么丑的发型？

你：我参加了一个最丑发型的比赛，得了冠军。

嘲笑你的人：你在考试时怎么总是最后一个交卷？

你：这是我的特长。

- 当有人嘲笑你有学习障碍时，你可以说出你的真实想法，比如，“我去资料室，这样我就可以在一个安静的地方和一个乐于帮助我的老师一起学习”。
- 如果团队里有人讽刺你，你可以笑着说：“你也一样。”如果团队里的孩子看到你不是一个“容易被欺负的人”，而且你可以自嘲，他们可能会更尊重你。

那些欺负你或嘲笑你的人不是你的朋友。要和那些有趣和友善的人一起玩。不自信的孩子往往容易被同龄人欺负。学会理解自己，建立自信（查看第十六章，了解更多的技巧）。你有很多值得自己骄傲的地方！记住，有学习障碍、戴眼镜、棕色头发或雀斑都是人的一部分。当你自信时，别人会更喜欢和你在一起。虽然建立和维护友谊需要努力，但是，当你交了一个新朋友，你的生命中就会出现一个特别的人。

继续前行

祝贺你！你已经看完了这本书。接下来该怎么办呢？我们希望你能更好地理解什么是学习障碍，以及你能做些什么。我们希望你对自己也有了更多的了解。记住，这本书只是你的起点，你要学习的内容还有很多。

当你从一个年级升到另一个年级时，你会迎接新的挑战，获得新的进步。记住一直激励着每一位登山者的一句话：你所走的每一步都让你离目标更近。在为这个目标奋斗的过程中，你会得到很多帮助。你只要说出来就能获得帮助！当问题出现在你面前时，学会用你的工具来帮助自己。当你感到失落或疲倦时，向你的登山团队成员寻求支持。记住，如果你不使用这本书里面的工具或者其他工具，它们也无法帮助你解决问题。

你生活在一个很好的时代，这个时代有很多专业的老师可以帮助你。学习障碍并不会阻止你成功。你有智慧，你有优势，你身边有关心你的人。

你已经拥有了攀登山顶所需的一切。祝你登山成功！